改訂版

九星の秘密

あなたの運命の羅針盤

松田統聖

東洋書院

改訂版の発刊にあたって

本書は六年まえに、聖法氣學會の気学教室の副読本として著された『九星の秘密』を改訂したものです。このたび、『気学の力』の姉妹編として新たにし、副題を付け『九星の秘密』「―あなたの運命の羅針盤―」といたしました。本書の目的は、『気学の力』で学んで頂いた気学の基礎的知識に止まらず、気学の実践力を身に付けていただくところにあります。

なかでも、気学の実践的、思想的な華（はな）である五黄土星については、いままでの気学の書に見られないほど、思想的奥深さについて紹介しております。合わせて、気学の重要なテーマでありながら、その真の意味について、まったく触れられてこなかった問題についても、できるだけ全体像を明らかにしてみました。

私たちにとって、人生を左右する運命の仕組みについては、いまだ謎のまま残されているのが現実です。

このたび、改訂版を発行するに至ったのも、本書にちりばめられている様々なエピソードに関心をもっていただき、気学があなた自身の運命を切り開く羅針盤になれば、という願いにほかなりません。

本書を読み通していただき、気学を人生のアドバイザーとして考えていただければ幸いです。

平成二十七年　初夏

松田統聖

序にかえて

このたび、当聖法氣學會の松田統聖君が著書『九星の秘密』を出版するにあたり、会長職を務める私としても、誠によろこびに堪えません。

統聖君とよぶのは、すでに還暦をむかえ、人生の幾山河を越えられてきた方ですから、事情をご存じのない方には、やや奇異に思われるかもしれません。ここで暫く、統聖君の経歴を紹介しつつ、著者と私の関わりについて披瀝したいと思います。

松田統聖君は東京教育大学哲学科に入学、その後博士課程まですすみ、現在の筑波大学に講師として奉職し、独逸哲学をはじめ、中国哲学、朝鮮哲学などを研究・講義してまいりました。その後、民間に移り、精神分析学、カウンセリング技法を研究し、昭和五十八年から当会に入会し、本格的に気学研究を開始したのであります。勿論、青年時代には、聖法氣學會の創始者である宮田武明先生にも、上野教室などで薫陶をうけていたのですが、本格的には、私が講義を行っていた銀座教室からでありました。当初から初等科、高等科を同時並行で私の講義を受講しておりましたが、その熱心さ、物事をつきつめて考える姿勢には、指導する私としても、大いに感ずるものがありました。その後十余年、私が会長に推され、会の大幅な改革と若手の登用を推し進めようとしたとき、私の目の前に統聖君が私の教え子としていたのです。私は迷わず彼を講師に推薦し、あわせて雅号『統聖』を贈ったのであります。

今回、その期待に応えてこのような著書を上梓されたことは、当會の誇りであると同時に、統聖君を見る私の目に狂いのなかったことを実感して、彼の成長を心からうれしく思っております。

この本では家相については触れられていませんが、家相もまた気学の非常に重要な分野です。今後、まだ多くの機会があると思います。次は是非、家相についての著書を著し、気学を学び、実践する人々に貢献してくれることが、統聖君を指導した私の願いであります。

本書の出版を祝し、かつ、統聖君の今後を期待して序にかえる言葉といたします。

聖法氣學會会長
富　澤　弘　象

著書の言葉

この本は、いわゆる気学の初心者のための入門書とか啓蒙書ではありません。ですから気学の歴史とか、九星の順行のような気学のＡＢＣ的な内容は書かれていません。

この本の目的は、まず、聖法氣學會が主催し、私が講師を担当している気学教室の副読本として著されたものです。

このため一般的な気学の書籍ではこれまで充分に触れられていないか、あるいは全く触れられてこなかった事柄をひろって、解説を施したところにこの本の特徴があります。例えば第Ⅰ章の『九星の秘密』の内容も、それぞれの星の記述の冒頭に最小限の基礎的事項をまとめて表にしてありますが、星の解説は私の関心のある問題や視点から記述していきます。この意味で九星についての百科事典的な内容ではありません。とくに第Ⅱ章は、気学についてテーマ別の小論文を集めたものです。その中には当会機関誌『聖法』に掲載したものを加筆修正したものもあります。また第Ⅲ章の相性の問題は、これまでの気学が、方位の相生・相剋理論を人間論に引き写した「型どおり」の内容のものが大半であるため、この本では、男女の相性の良否をできるだけ点数で評価しようという新しい角度から相性論を展開してみました。

このように、本書はある程度は気学の心得をもった方々を念頭において書かれたものです。ですから、どこから読み始めてもかまいませんし、皆さんの関心のある箇所だけ拾い読みしてもかまいません。通俗的な入門書ではないので一般的ではありませんが、長年、気学を講義・研究してきた私自身にとっては、これまでにない異色の本になったのではないか、という密かな自負心があります。

このような意図をご理解して一読されることを願っております。

最後に、今日の私を十余年にわたって親身になってご指導して下さった富澤弘象会長、常に暖かく私を激励して下さった村松永聖先生、多忙にもかかわらず出版の労をとって下さった宮田芳明先生、長年にわたり講義の機会を作って下さった小松敏彦先生、私の家庭教師役を果たしてくれた母、松田光象に深い感謝の意を表したいと思います。これらの先生方のご支援がなければ、この本が世に出ることはなかったでしょう。そして末尾になりましたが、本書の校正作業を快く引き受けてくれた当会準幹事、松島通代さんのご厚意とご苦労もあわせて記しておきたいと思います。

平成二十年　早春

松田統聖

目次

第Ⅰ章　九星の秘密

〔1〕一白水星の秘密

方位	北（磁　北）三十度の間
易卦	☵（坎）
易象	水
五行	水性
十干	壬（みずのえ）、癸（みずのと）
十二支	子
季節	仲冬
月	十二月（子月）（大雪節、冬至節からなる）
時間	子の刻（午後十一時〜午前一時）
色彩	白（五行によれば黒）

【基本的な象意】

一白を「水」とする：一白を易象の坎（正象　水）に配する

一白を「穴」とする：坎を穴とする。一段深いところにおちる

一白を「悩み」とする：万物を生み出すときの悩みに発し、すべての悩みに通じる

一白を「始まり」とする：水はすべて小さな一滴から始まり、大河となる。

一白を「交わり」とする：一白、北は陰陽の交わるところ。夫婦、男女関係をはじめ人間関係全般の交わり

一白を「再生」とする：北は陰気の極まるところにして、かつ陽気の始まるところ

【主な象意】

中男、冷静、流れる、放浪、失物、落胆、苦労、困難、障害、始まり、密通、部下、妊娠、柔和、考える、再生、復活、再縁、隠す、秘密、寝室、トイレ、浴室、下水

【その他の象意】

人物：学者、研究員、部下、盗人、病人、知者、死人、悪人

職業：学者、政治家、酒屋、クリーニング屋、魚屋

場所：地下室、温泉場、葬儀場、宴会場、河、消防署、台所、風呂場、水洗便所、本籍地

事物：水、精神、石油、ガソリン、塗料、寝室、酒、醤油、飲料水

人体：下半身、鼻孔、耳、汗、涙、腎臓（病気：性病、痔、水虫、腎臓系の病気、生理不順、湿疹）

一白水星は九星の最初におかれ、しかも六白金星、八白土星とならんで「三白」と呼称され、特徴づけられています。ところで、一白水星という星はなかなか複雑な星なのです。例えば、一白水星の気の重要な作用に「生む」というのがあります。後天定位盤上の一白水星の位置は、陰陽の気の関係から見れば、「陰の極、陽の始め」に該当する位置の星で

あり、冬至を含む位置で、冬至は別名「一陽来復」といわれています。つまり、図−1のように、陰の気が最大になりきった時点であり、それと同時に、すでにそのなかに陽の気が含まれている状態のことです。ここから一白水星の気には「再生」「復活」という作用があることになります。

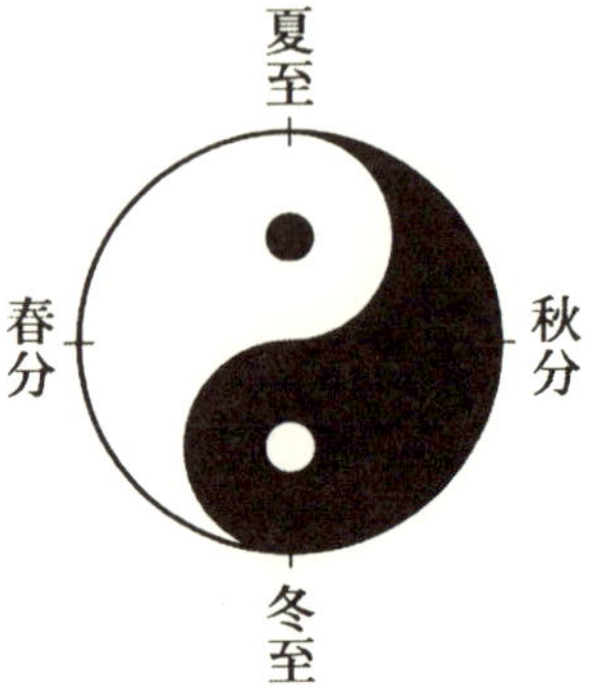

図−1

図−2

また、一白水星の気の代表的な作用というのが、「生む」という働きです。というのも、「一陽来復」という言葉通り、一白水星の定位である「北」は、エネルギーの消滅（無の方向）に作用する陰の気の作用が終了し、それにかわって無から有を創り出す陽の気のエネルギーの作用が始まるからです。さらに、「一」は数の始めであり、「白」は万色に染まるもとであります。一白水星の気の吉作用として、「子宝に恵まれる」あるいは「新しい取引ができる」「新規の顧客が生まれる」などとされる所以であります。また、十二ヶ月と十二支の関係を考えてみますと、図１−２のようになり、一白水星は「子」に該当し、「子」は植物の種に生命が宿ることを意味する「孕む（はらむ）」という言葉に由来していることも、一白水星の気の働きに「生む」「創造」というのがあるからにほかなりません。

ところで、先ほど一白水星が「復活」という働きをもっていると指摘しましたが、実は八白土星の気の働きにも「復活」という象意があります。両者の違いは、一白水星の場合には、陰陽の気の交代（冬至＝陰の極、陽の始）が、例えば地中にある種が受精することであり、現象としては見えないのに対して、八白土星に該当する十二支、「丑」「寅」は、根が種から、からまりながら生える「紐」という字に由来し、「寅」はさらに成長して若芽が地上に顕れることを意味する「演（展開する：目にみえる）」という字に由来しているることから、八白土星の気の働きとしての、目に見える「再生」「復活」という作用があるのです。更に、八白土星に「急変」という気の作用があるのも、地中から若芽が忽然とふきだす現象をさしています。同じく「復活」という気の象意にしても、目に見えないレベルでの気の動きと、目に見える気の動きとの違いがあることがわかるでしょう。暦のうえで、以前は冬至を正月（新年）としていた時期があり、その後「寅月」（立春）を新年としたように、新年のくぎりに移動がみられるのも、このようなことが背景にあるといってよいでしょう。勿論一白水星には、このほか「苦悩する」「深く考える」「隠す」「秘密をもつ」「部下」「使用人」など、実生活に影響の深い気の働きがあります。

さて、最後に「生む」という言葉の意味深長な部分についてふれておきましょう。というのも五黄土星にも「生む」という働きがあるからです。これについては例えば園田真次郎氏が「先天定位の盤には中央がないが、中央は云うまでもなく、善も悪もない。しかし太極の理気が発現し、作用となって表現する時には、陰陽、善悪、生死、消長の相対現象となる。この両面の作用、現象を発生するものが五黄で、後天定位の中央太極に位する訳である」と述べているのは、この意味にほかなりません。このように、気学は易から強い影響をうけており、易では万物のもとを陰陽未分の混沌とした気の状態、「太極」とされており、この太極から、陰陽が分かれ、さらにこの陰陽が互いに感応しあって、万物の基本である八卦が成立するわけです。しかし、いうまでもなく、一白水星の気は、易の太極に該当する五黄土星の気と違い「腐敗」「死」などの作用がないうえに、「生む」といっても、太極の場合とは違い、すでに陰と陽の形がととのったあとでの話であることがわかるでしょう。例えば一白水星の気の作用である「子宝」なども、すでに父（乾・☰）と母（坤・☷）の存在を前提としているのです。「子宝が欲しい」「新規の注文が欲しい」からといって、五黄土星の気の作用を使う人はいないことはいうまでもありません。ここに、一白水星と五黄土星の違いは勿論、太極と五黄土星の違い、即ち気学と易との異同の問題が潜んでいるのです。

［2］二黒土星の秘密

方位	坤（南西）六十度の間
易卦	☷（坤）
易象	土（平地、宅地、田畑の土など）
五行	土性
十干	丁（ひのと）の一部、庚（かのえ）の一部
十二支	未、申
季節	晩夏、初秋
月	七月（未月）（小暑節、大暑節からなる）八月（申月）（立秋節、処暑節からなる）
時間	未の刻（午後一時〜午後三時） 申の刻（午後三時〜午後五時）
色彩	黒（五行によれば黄）

【基本的な象意】

二黒を「地」とする…二黒を易の坤（正象　地）に配する

二黒を「致役」とする…大地はすべてを養い育てるためにあらゆる努力をする

二黒を「無」とする…坤の卦は☷。全陰

二黒を「下級」とする…六白の天は高級。二黒の地は大衆的な物、安い物

二黒を「生産」とする…大地が万物を生み出す

二黒を「正欲」とする…大地は太陽の熱や風雨などすべてをどん欲に受け入れる

二黒を「中古」とする…土地は物を古く変化させる作用をもつ

＊二黒の「古い」は中古品。五黄の「古い」は腐敗破損で壊れ物。八白の「古い」は再生品

【主な象意】

母、妻、老婆、土地、養う、温厚、忠実、誠実、生存欲、柔順、努力、優柔不断、依

頼心、辛抱強い、気を揉む、中古品、副社長、次席、助役、大衆、勤め人、消化器

【その他の象意】
人物：庶民、サラリーマン、貧困者、助役
職業：教師、保母さん、秘書、生活評論家、不動産業、骨董商
場所：田畑、空き地、埋め立て地
事物：瀬戸物などの土製のもの、上等でないもの、大衆的、庶民的なもの、古い家
人体：右手、消化器（病気：右手の障害、消化器の障害）

この項では二黒土星の実際について、主に気学と土性の関係から考えてみましょう。二黒土星の象意としては、地（大地）、平地（宅地・田畑・道路など）、古い、欲（生存欲）、母、養育、副官、従順、労働などが代表的なものといえるでしょう。これらの象意はいずれも易の坤（☷）という卦象に由来するものであることはいうまでもありません。例えば、

能動的な天の気の発動をうけて地も作用を開始しますから、ここに「従順」という象意が由来するのであり、さらに大地は万物にさきがけて存在するものですから、ここから「古い」という象意が出てくるわけです（但し、八白土星の土は、正象が「山」ですから、高所の土、農耕や通行など人間生活に荒らされていない土、という意味で「新鮮な土」とされています（これについては、【第Ⅰ章［8］八白土星の秘密】を参照）。では、二黒土星の象意である生存欲とはいったいどのようなものなのでしょうか。

土は万物がその役割を終えて、枯れたり、死亡して大地に横たわると、それを変質・腐敗させ、さらに地中に取り込み、分解して、自分に吸収しやすいようにしたうえで、養分としておのれに吸収し、肥土となる作用を営々と休むことなく繰り返しています。この休みない働きを「労働」とし、自分のものとするという作用が「欲」とされるわけです。つまり、こうして蓄えてきた養分によって万物を生み育てるのですから、二黒土星の欲が「正欲」とされるのです。要するに、大地が古来から営々と四季の秩序に従って万物の生育、繁茂させてきた姿が、あたかも無償の行為で子を育てる母の姿、役割と連なるものであり、従って、その欲は生存に必要な限度内の欲とされるのです。このように天地の陰陽の気の交わりによって生をうけた万物は、みな母親のような大地の無償の営みによって滋養されるのであり、そのために大地は必要な物を自分の体にとりこみ摂取はするものの、それは万物のためにすべて使い尽くすのであって、決して大地自身のためではないのです。同時に、万物は自分に与えられた寿命を精一杯生きようとして、必要な食物を摂取し、時期が至れば種の保存である繁殖行動を行います。これらはいずれも動植物の正当な生存欲であり、これをもって二黒土星の欲の本質とされるので、ここに二黒土星の欲が「正欲」「生存欲」と称される所以があるといえるのです。この点で例えば、人間の社会で「華やかさ」あるいは「名誉」などが九紫火星の象意に配されているのと対照的です。というのも、実際、名誉や華やかさなどがなくても人間は充分に生きていける、従って、「名誉」「華やかさ」などは、存在の根源にかかわる象意ではないのです。つまり名誉欲も、華やかさも、まずは、人間が生存していることが前提となっているからなのです。このことをよく物語っているのが「正当防衛」という言葉です。「正当防衛」とは、人間が正当な理由なしに突然生命を損なわれる事態になったとき、自分の生命を守るために、たとえ相手をあやめても刑罰の対象とはならない、という意味です。つまりこの考えは、生きとし生けるものの生存欲は、人間が創った法律を超越した大前提であるということにほかならないのです。しかもそれは大地の母性的、自己犠牲的な作用であるために、二黒土星の象意とされているわけなのです。【第Ⅰ章［5］五黄土星の秘密】、あるいは【第Ⅰ章［8］八白土星の秘密】というテーマで土性の気について述べていますが、このように、同じく土性である二黒土星においても、気学と土との関係の深さを感じないわけにはいきません。土は生々たる気をもって万物を生み、滋養に溢れた気をもって寿命の全うに向かって万物を突き動かし、そして腐敗の気によって万物をおのれに帰すのです。そしてこの現象の折々に、二黒土星、五黄土星、八白土星の気の働きをみることができるのです。このように、気学における土の意味を理解すれば、気学の「土性」の本質に対する理解の深さと人間の本質に対する観察の鋭さに驚嘆させられるでしょう。

以上、二黒土星において土の働きがどのようにとらえられてきたか述べてきました。

［3］三碧木星の秘密

方位	東三十度の間
易卦	☳（震）
易象	雷
五行	木性
十干	甲（きのえ）、乙（きのと）
十二支	卯
季節	仲春
月	三月（卯月）（啓蟄節、春分節からなる）
時間	卯の刻（午前五時～午前七時）
色彩	青緑（五行によれば青）

【基本的な象意】

三碧を「雷」とする：三碧を易の震（正象　雷）に配する

三碧を「震」とする：「震」は震う、発育する際に植物が微動する

三碧を「音声」とする：音声は声帯が震えるために出る

三碧を「驚き」とする：三碧のシンボル「雷」から、稲光や雷鳴に驚く

三碧を「音あって形無し」とする：「雷」は、音があっても形がないため

三碧を「現れる」とする：太陽は東から現れるに由来する

三碧を「進む」とする：太陽が昇り、草木が生成するところに由来する、事態がどんどん進むことも同じ

【主な象意】

長男、青年、春、講演、通知、伝言、詐欺、短気、動く、爆発、口論、出過ぎる、ひらめき、発明、新規の事業、評判、機転

【その他の象意】
人物：知識人、詐欺師、歌手
職業：企画、創造的な才能を必要とする仕事、電気関係の仕事、花屋、楽器店
場所：カラオケスタジオ、ＣＤショップ、小学校
事物：ＣＤ、ウォークマン、携帯電話、ラジオ、各種楽器、補聴器など聴く道具、新製品一般、花火、火薬、雷鳴、電波
人体：足、肝臓、咽頭など　（病気）肝臓病、かっけなど足の病気

さて、天地万物の存在意義を解き明かした易の八卦において、乾（☰）を第一番目の卦とすると、第四番目の卦が震（☳）の卦ですが、気学では、この震の卦を雷として三碧木星の気の代表的な働きとしたのです。つまり雷とは雷鳴のことであり、気学では一白から九紫までの九種の気のうち、三碧の気の働き・作用を雷鳴ととらえました。雷とは、大気中の陰イオンと大地の陽イオンの感応によって生ずるものですが、それを人々は天の気が

万物を生み出す壮大な象とみたのです。春になって始めて鳴り響く雷鳴をとくに「春雷」と呼んで、万物を生き生きと成長させる天の偉大なエネルギーとし、本格的な春の到来と重ね合わせたのも、この様な背景があったからといえるでしょう。従って三碧木星の気は、活躍、ひらめき、活気、の現象を表す気ですから、三碧木星を本命星や月命星とする人は、わがまま、あるいは短気なところがありますが、活力に満ち、進取の気風に富み、よく働き、しかも天の澄んだ気を含んだ明晰な頭脳の持ち主とされています。但し、雷は落雷しなければ、雷鳴だけにとどまることが多いため、空騒ぎ、嘘、虚言、詐欺など、音があってもそれに伴う実質がない現象も意味しています。余談ですが昔の諺に『地震、雷、火事、親父』という諺があり、「だれもが怖いとするもの」の意味に使われていましたが、このなかの「地震」も「雷」も、ともに人々が恐れた天変地異の代表格であることは言うまでもありません。古くは冤罪をきせられ九州の太宰府に流された平安時代の貴族である菅原道真の怒りもまた「雷」としてあらわれると言い伝えられ、このため、雷が京都の公家や民衆に恐れられたことは有名な話です。

では、何故、三碧は木性に属しているのでしょうか？

実はここに気学としての気学の独自性があるのです。まず、図ー1に示されているように、木火土金水の五行の気は方位と季節に対応して理解されています。つまりここから、

（一）植物の生育枯木に象徴されている一年の季節（春夏秋冬）が秩序正しく順行するのを支えているのが、天のエネルギーとそれをうけとめて具体的な生命力である滋養を与える大地であること、

（二）従って、気学は大地、すなわち、土の働きを最も重視していること、

の二つのことがわかります。

つまり、方位と五行と九星との関連は、「地」というキーワードがなければ理解できな

いのです。ここから三碧「木星」とされるのです。すなわち、図―1と図―2を重ねてみると、次のような関係が理解できます。一白水星は後天定位の北、季節は冷気の水気が支配している冬、三碧木星、四緑木星は東、季節は暖気の木気が支配している春、九紫火星は、南、季節は火気が支配している夏の盛りである仲夏、六白金星、七赤金星は西、季節

図―1

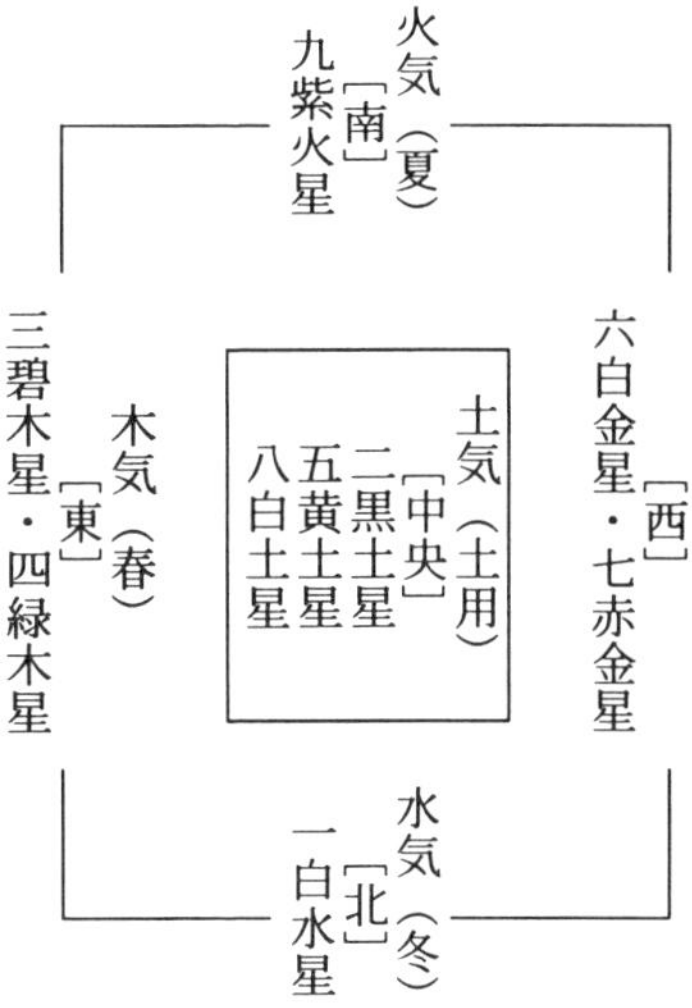

図―2

巽		南		坤
	四	九	二	
東	三	五	七	西
	八	一	六	
艮		北		乾

後天定位盤

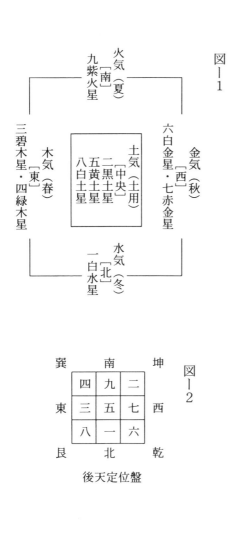

は粛殺の気である金気が支配している秋、また、土性は中央に位置するため、本来該当する四季はないのですが、後天定位盤上の位置から二黒土星・五黄土星・八白土星のうち、二黒土星は晩夏・初秋に、五黄土星は中央で季節はなく、八白土星は晩冬・初春に配されているのです。

三碧木星の方位の気は東の純粋な木気であり、植物であれば大地に若芽を出し、同時に地中に根をのばし、水分・養分を根から吸いとり吸収している生木で、まだ未熟ではあるが、自由奔放で活発な成長の過程の気が作用していることを特徴としています。従って三碧木星を本命とする人は、未熟で幼いところがあり、行動的で感情的、自分の心の赴くままに行動するタイプの人が多いのが特徴といえるでしょう。この気質と前述のおしゃべりとの関係から、言葉の災い、口論好き、そして、雷の激しさと生木の奔放さから、せっかち、短気という気質が多くみられます。このように、九星の気はいずれも天の気と地の気の両面から構成されているのです。しかし、大切なことは、方位の吉凶の基準がそれぞれの星の五行、とくに大地によって立つ植物の四季に関係した五行の相生・相剋を基礎としているということです。というのも人間は大地に生まれ、大地で一生の生活を営むのですから、運不運や吉凶も大地が最も重要な役割を果たしているということになるのです。

なお、気学ではしばしば三碧木星を生木、四緑木星を調木と比喩しますが、三碧木星とされる木は、土中に根を張り、地上では若芽をぐんぐん伸ばして生命活動を活発に謳歌している生きた木であるのに対して、四緑木星の木はすでに伐採されて生命を失い、人間生活に便利に使われる調度品などを意味しているからなのです。同じ木星でも三碧木星の気質が自由奔放、ややわがままで活力に満ちているのに対して、四緑木星の気質が従順であることの違いを鮮明にして、できるだけ実生活に対応できるようにしようという意図があるのです。ここにも実生活を重視する気学の特徴がみられるといえるでしょう。

蛇足になりますが、三碧木星、六白金星、九紫火星が、いずれも土の働きの激しい土用の月（丑月・辰月・未月・戌月）の中宮に位置している星であり、ここからこれら三つの星の気は、いずれも方災を切る力をもっています。比和であっても、四緑木星に比べて三碧木星は激しい気であることが理解できるでしょう。このように気学では天の気より、大地の気の方が人間の運命により深く関わっているとされており、ここにもまた、現実から離れない見方、判断の柔軟性という気学の特徴を明確に見ることが出来るのです。

〔4〕四緑木星の秘密

方位	東南六十度の間
易卦	☴（巽）
易象	風
五行	木性
十干	乙（きのと）の一部、丙（ひのえ）の一部
十二支	辰、巳
季節	晩春、初夏
月	四月（辰月）（清明節、穀雨節からなる） 五月（巳月）（立夏節、小満節からなる）
時間	辰の刻（午前七時～午前九時） 巳の刻（午前九時～午前十一時）
色彩	緑（五行によれば青）

【基本的な象意】

四緑を「風」とする：四緑を易の巽（☴）（正象　風）に配する

四緑を「取引」とする：人間が往来したり、物品が往来することによって取引が成り立つ

四緑を「斉う」とする：四緑は三碧において発育した草木が形を斉える段階

【主な象意】

長女、遠方、縁談、信用、世間、如才ない、迷い、緻密、通勤、長い

【その他の象意】

人物：仲人（人と人との間を整える）

場所：道路、郵便局、通信関係の施設

職業：カウンセラー、事務作業、宅配業、通信販売、商社員、添乗員
事物：木製の家具類、糸、材木、なわ類、紙、手紙、ハガキ、めん類、ウナギ、繊維質の野菜
人体：腸、気管支、食道、神経（病気：風邪、腸の病気）

四緑木星は、易で卦象を☴とし、「巽」と名付けて「風のことである」と定められていますが、実はここに自然界に対する先人の鋭い観察力をみることができるのです。というのも太極が陰と陽の二つの気にわかれて自然界の基礎を作り、さらに八種類の卦象、即ち天・沢・火・雷・風・水・山・地に展開していきます。このなかで、目に見えない、つまり形のない「風」が自然界の基本的な要素として選ばれているということが一つの特徴といえるでしょう。そもそも風というものは、ひとたび吹けば地上の万物をすべて同じ方向にそろえて向かせる力をもっており、易に自然界での風とは「随風のことである」と説明

されていて、「人や物を同じ方向に随わせる風のこと」とあります。また水と同じように風もその本体は最も柔らかい物ですが、長年の積み重ねにより、地形をも変える力となります。ここに風が八卦に名を連ねて自然の代表のひとつとされているわけがあります。「威風堂々」という言葉や、かつて為政者が国民を「民草」とよんで、為政者の人徳という目に見えない力で民衆を同じ方向に向かわせる（つまり正しく国を治める）という場合も、「風」のこのような考え方が背後にあるからです。ここから本命星や月命星が四緑木星の人は穏やかで多くの人に好かれるタイプであるといえるでしょう。しかも☴の卦象の通り「風が下から相手の中へ相手が気づかないうちに入り込む」という意味で、相手の心を相手が知らず知らずのうちに掴むということ、即ち、相手との交渉事を円満に収める、整える、という気の働きが☴（巽）四緑にはあるのです。

ところで、四緑は五行では木星に属しています。同じく木星には三碧があり、「比和」の関係にあることはすでに述べたとおりです。しかし、この四緑木星の五行の「木性」には、実は三碧にはない大きな特徴があるのです。【第I章［3］三碧木星の秘密】で述べたように、三碧木星、四緑木星は方位・季節と五行の関係から木性とされていますが、三碧木星は、若い苗が茎と同時に根も成長している状態であって、『易経』（『説卦伝』）のなかで、木と定義されているのは「巽」なのです。即ち、四緑木星の気の働きは木を成長させ、樹木の本来の姿、樹木らしい木の形を整えるものとされているのです。ここでは植物の生涯で例えられているので、樹木ということになっているのですが、現実生活にあてはめれば、本来のあるべき形を形成する力をもっているのが木性の気の働きなのです。ここから所謂「らしさ」が完成され、つまりは「信用」が生まれてくるのです。しかし三碧木星の人に比べると、活力、活発さに欠ける点があります。同じ木性でも三碧の木性は、これから本来の木になろうとする「始め」であり、だからこそ活力と同時に未熟さ、奔放さが指摘されるのです。三碧木星の卦（☳）が、下から陽爻、陰爻、陰爻となっているため、三碧木星の人は始めは勢いがありますが、「尻すぼみ」、あるいは「後始末が下手」、「しまりがない」といわれるのも、形を完成させる働きの四緑木星の気との大きな違いでしょう。

さらに気学では、三碧木星は「生木」四緑木星は「調木」として区分されているのも、なかなか含蓄のあるところです。つまり、四緑木星は形成作用の気が働いて本来の形が完成した状態であり、人間生活の役に立つ木製品の意味をもっているからです。実はここにも気学の現実性を見て取れるのです。根の張った木は三碧木星ですが、この木を原材料としてパルプにし、紙をつくることによって私たちの実生活に大いに役に立つのです。そしてこのパルプ＝紙こそ四緑木星の象意にほかなりません。同じ木星でも、成長の始めにある三碧木星は「碧」という言葉が示しているように青緑で未熟さを意味し、これに対して四緑木星は文字通り「緑」で、完成した樹木の色彩を示しているのです。

三碧木星の気が未だ未熟ではあるが、エネルギーと活力、生命力、シャープさをもった気であるのに対して、四緑木星の気は成熟した気であって、万物の形成作用、まとめる作用をもった気であるところから、同じ木星であっても、このような両者の気の働きの異同を充分に理解する必要があります。

〔5〕五黄土星の秘密

方位	中央
易卦	なし
易象	なし
五行	土性
十干	戊（つちのえ）、己（つちのと）
十二支	なし
季節	なし（但し五黄土星の働きは四季の土用に表れる）
月	なし（但し丑月、辰月、未月、戌月のそれぞれの月に土用としてふくまれる）
時間	なし
色彩	黄

【基本的な象意】

五黄を「土化」とする：土は万物を変化させる

五黄を「生む」とする：万物を生成する本体、易でいう「太極」

五黄を「支配」とする：物事の中央に位置し、万物の生成消滅を支配する

五黄を「支える」とする：万物を支え、維持する役割を果たす

五黄を「腐敗」とする：腐敗は物の変化の典型

五黄を「古し」とする：土星はすべて「古い」という意味をもつ

五黄を「壊れ物、廃品」とする：「古く、腐敗している」から廃品の意

五黄を「暴欲」とする：土星をすべて「欲」とする、五黄はその強さから暴欲

【主な象意】

中央、激しい変化、自滅、喧嘩、無、反逆、犯罪、古い問題の再発、毒、強引、自己

中心

【その他の象意】

人物‥首相、宰相、会長、社長、マネージャー、リーダー、身障者、悪人

職業‥カウンセラー、リサイクルショップ、金融業、不動産業、葬儀社、解体業、古物商

場所‥中央部、埋め立て地、ゴミ処理場、火葬場、墓地

事物‥キズ物、不要品、廃物、売れ残り品、腐敗物

人体‥消化器（病気‥消化器関係の病気）

気学を学ぶ者にとって五黄土星という言葉は九星のなかで特別な響きをもっていることは事実でしょう。元来、土は物を腐敗変化させるのが本質的作用であり、五黄土星はその

代表ですから、五黄土星というと、まず言えるのが方位の大凶方、「五黄殺」です。つまり五黄土星が回座する方位を使えば、五黄殺を犯すことになります。その結果、大凶の方位作用として、自滅・腐敗を招くことになり、例えば自殺、食中毒による死、リストラや家庭内暴力による家庭の崩壊等々のような自滅の道をたどることになるとされています。また、五黄土星中宮の年は、「激変」つまり大地震、大津波をはじめ自然現象での大災害が起こりやすい年とされています。これらの論理については後で詳しく触れますが、あの有名な関東大震災は大正十二年九月一日（癸亥五黄土星中宮の年、庚申五黄土星中宮の月）に関東一円を襲ったのであり、また、甲申五黄土星の年である平成十六年十二月に数え切れないほどの犠牲者を出したインド洋一帯を襲った大津波は、まだ私達の記憶に新しい大災害です。さらに、五黄土星中宮の年の社会事情としては、昭和十六年（辛巳五黄土星の年）の太平洋戦争への突入、昭和二十五年（庚寅五黄土星の年）には朝鮮戦争の勃発など大波乱・激変の年であったことが思い出されます。これら五黄土星中宮の年に現れた大災害や大事件については、規模の大小に差はあるにしても、その他多数の事例がとりあげられていますのでこれ以上触れませんが、いずれにしても五黄土星が回座する方位は「五黄殺」という大凶方であり、また五黄土星が中宮に回座する年は激変・天変地異など極めて要注意の年であることをあらわしています。

そもそも五黄土星の代表的な象意は、「腐敗」「廃物」「汚物」「暴力沙汰」「盗人」「悪人」「高利貸」「ゆすり」「食中毒」「伝染病」「死」「葬式」「墓地」「天変地異」「帝王」等々で、他の星と違って象意の大部分が、人から忌み嫌われるものであることと言っても過言ではないでしょう。唯一「帝王」（あるいは「長老」）というのが、五黄土星の象意として異色に見えますが、これも五黄土星の座が八方を支配する後天定位盤の中央であることに加えて、古い（つまり人間としては齢を重ねている）という意味から成り立っている象意なのです。五黄土星のこのような特異な象意のためでしょうか、ついには「自分の星が中宮に入ったら、（つまり後天定位盤で五黄土星に同会したら）、八方塞がりの年であるから、その年はすべてが手詰まりで、何もしないで息を潜めていること」という俗説まで流布される始末です。

さて、これまで五黄土星の方位や中宮回座による大凶作用と、それに関連する象意の現象・作用の特徴を話してきましたが、それでは五黄土星という星と人間、つまり五黄土星を本命にもつ人の気質がどのようにとらえられてきたか、代表的なものを要約しますとつぎのようになります。「五黄土星を本命星にもつ人は、度量が広く実行力があり面倒見もよいが、反面、一度心に決めたら周囲の人の意見に耳をかさず突き進む傾向があり、かつ自己主張の強い人が多い」、これが本命五黄土星の人の気質の共通項ではないかと言われていますが、さらに一歩進めて、「自分勝手で思いやりがない人」「いつでも自分が中心でないとおさまらない人」とされたり、ついには、土性の本質である欲にたとえて、二黒土星が「生存欲」、八白土星が「強欲」とするならば、五黄土星は「暴欲」である、と評されたりもしています。

以上、『五黄土星』という星について、方位の大凶作用と中宮回座の年の自然現象や社会事象、さらに本命五黄土星の人の気質、そしてその基本となる象意についてみてきました。その結果、象意や本命星の解釈のされ方が他の星と違ってやや特殊であることが、理解できたと思います。要するに五黄土星の象意のほとんどすべてが、人が忌み嫌うものであり、本命星については、長短両極面が挙げられていますが、それでも「自己中心主義の人」、あるいは「暴欲の人」などという表現の方が一般的で、しばしば言われています。このようなことは他の星には見られないことです。なぜ『五黄土星』という星の象意や本命星がこのように理解されているのでしょうか？この疑問を明らかにしない限り、五黄土星についての正しい知識を得られないのではないかと思います。

この疑問を説く手がかりとして、ここでは宮田武明氏編輯の『家相方位哲理学（以下『哲理学』と略す）』が大変よい手がかりを提供しているように思います。例えば、『哲理学』「五黄土星　中宮」の項には、

「五黄土星―土に化しつつある。（土に成ってしまう即ち土に化せる作用を謂う）」とあり、「土は生殺の二道を司る」と明言されています。これらの言葉は、五黄土星の特殊性を解くのに、大変重要な示唆を含んだ言葉なのです。というのも、ここでは更に二黒土星、五黄土星、八白土星を列挙して、次のようにも述べられているからです。

即ち『五黄土星―土に化しつつある。（土に成ってしまう、即ち土に化せる作用を謂う）。八白土星―山の土、新しい土、「陽」未開の土。二黒土星―平地、古い土、「陰」宅地、田畑、道路など既に人が使用せる土。』とあります。ここで二黒土星が「古い土」ということは、大変滋養に富んだ土を意味しますし、八白土星が「新しい土、陽、未開の土」ということは、新しいものを生み出すエネルギーを意味していると言ってよいでしょう。つまり、二黒土星の働きが、「滋養・養育・成長である」とすれば、八白土星は、「生成の段階・成長の段階・消滅の段階という各々の段階へ切り替える作用である」といえるでしょう。

例えば、地中の種子の状態から地上への発芽を促す働き、あるいは、開花の段階、結実の段階、そして再び種子の段階へと促す働きを例にあげることができます。人間をはじめ万物はすべて時間という筋道にそって生育・変化していくものです。このことは『哲理学』の二十二頁にあります「土は生殺消長を主り、中央は万物を支配する」という言葉や「土用は戊己の働きを云う、春、夏、秋、冬　四季の土用即ち五気の変化が行われる。土用とは前の季節の働きを殺し、新しい陽気を生む、節の変わり目には陽気の変化が起こる。」という言葉からも確認できます。そこで、時間を円周で表してこれらの言葉の意味を図示しますと、図ー1のようになるでしょう。また図ー1と図ー2の後天定位盤とを重ね合わせますと、戊己という十干に対応する九星は、五黄土星ということになります。

もちろん土星には二黒土星、五黄土星、八白土星の三つの星がありますが、後天定位盤で中央に君臨する五黄土星がその代表と言えるでしょう。しかも、二黒土星は☷（坤）、八白土星は☶（艮）という卦象と、それぞれ地、山という正象をもっていますので、定まった形と作用があるのに対して、五黄土星は図—2からもわかりますように卦象がありません。つまり、五黄土星は主に作用を専らとするのであって、それは定まった形ではなく、「働き」「作用」ということになります。このことは『哲理学』で五黄土星とは、「物が土に同化されつつある其の過程、腐敗（物と土との中間作用）」という言葉に明瞭にあらわ

図－1

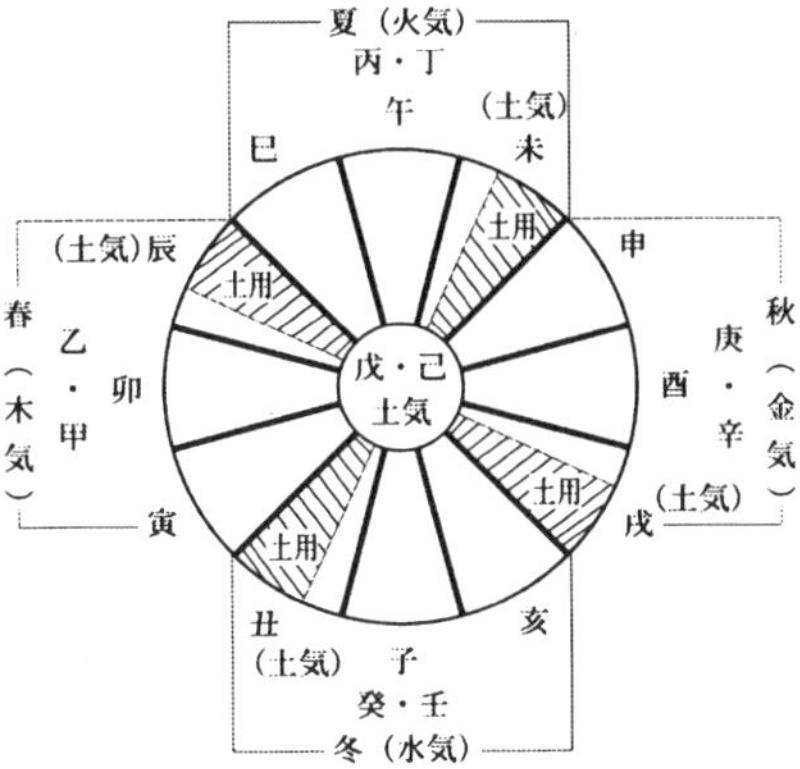

図－2
【後天定位盤】

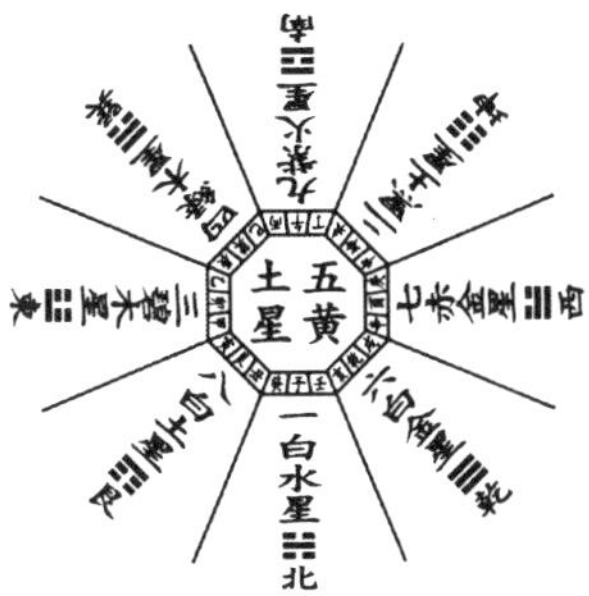

されています。

ところで、「後天定位としての五黄土星には時間も月もない」とされますが、その理由は図ー1から理解できます。即ち、図ー1の外円は時間や月の十二支、さらにそれに対応する四季を表していますが、中央の内円は外円に接することがありません。つまり時の循環を表す外円に内円が接しないということは、内円は時間と関わりをもたないということを示唆しています。このように見れば「後天定位としての五黄土星には時間も月もない」とされる理由がわかります。但し、この内円が土用という形で外円と四ヵ所で接していますから、四季の変わり目だけ季節に顔を出すので、「五黄土星は四季の土用を司る」と言われるのです。

このように五黄土星は一定の形がなく、その作用のうち「生」の作用は主に二黒土星と八白土星の作用に属されているために、五黄土星の作用は「枯死、腐敗、消滅」というような象意に集中しているのです。そして形ある物を腐敗させ分解する（つまり変化させる）

という「変化」「作用」を特徴とするのが土であり、その代表が五黄土星ですから、五黄土星の作用を「激変」とし、しかも五黄土星中宮の年に天変地異が多く現象するところから、その象意は専ら忌み嫌う物事（廃物、汚物、伝染病、死、墓地、暴力等々）になるわけです。

これまで『五黄土星』という星の特徴について種々の角度から考えてきました。その結果、万物の生死を支配する土性に該当する二黒土星、五黄土星、八白土星の三つの星のうち、

（イ）五黄土星がこの働きを「代表」している星であること、（ロ）しかし、同じ土性でありながら、五黄土星は二黒土星、八白土星のように、地、山といったような定まった形をもっておらず、主に作用として働く星であるということ、（ハ）しかも、二黒土星、八白土星が生死の現象のうち専ら「生」の作用を担当すると考えられているのに対して、五黄土星は腐敗・破壊など「生」と反対のもの、つまり人が忌み嫌う物事に象意が集中して

いること、（二）五黄土星が回座する方位は大凶方である五黄殺であり、さらに五黄土星が中宮に回座する年は自然現象・社会事象に激変や大波乱が起きやすいとされる理由もここにあること、

などがわかりました。

ところで、図ー1で、五黄土星は、十干では戊己に該当し、中央に配置されていました。そして五黄土星は主として作用として働く星でしたから、五黄土星の定位である中宮に五黄土星が入った年は、その働きの結果である天変地異が現象しやすく、他方、四季のなかでは、時間を表す外円に内円（戊己）が唯一接する部分、即ち土用にその作用と現象があらわれるということがわかりました。しかも、五黄土星の象意が専ら「腐敗、死、自滅、病気等々」ですから、土用の時期に動土（土いじり）して、五黄土星の殺気を身に取り込むことは、厳禁とされるわけです。

さて、最後に再度触れなければならないのは、五黄土星と人間の問題、つまり、本命星

に五黄土星をもつ人の気質です。実は本命五黄土星の人の気質は両極端に大きくわかれます。つまり、一方は、世話好き、頼まれるとすべて引き受けてしまうタイプの人であり、他方は、周囲の状況を無視してでも自己の主張を通そうとし、常に自分が集団の中心で存在感を示さないと気がすまないタイプの人ということです。このように、本命五黄土星の人は、人によって態度や行動が両極に分かれるのですが、両者に通じているのは、ともに「自分の考えをなかなか曲げない」という点です。

ここで図－3を見て下さい。

これは図－1をもとに車の車輪に見なしたものですが、これを見ますと、五黄土星はまさに車軸であり、車輪は時間が推移する現象世界、具体的には万物の発芽・成長・結実・種子、というサイクルを示しており、車軸と車輪を繋ぐ四本のスポークは、四

図－3

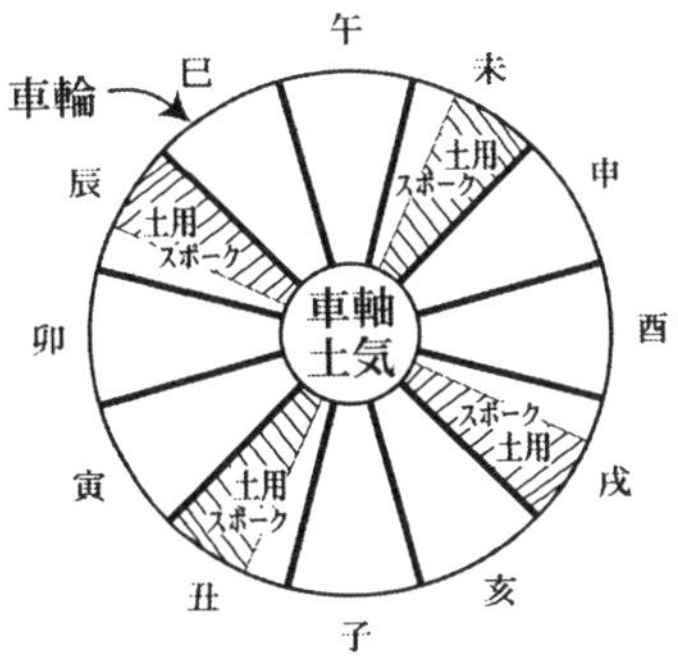

季の土用にたとえても差し支えないでしょう。つまり、成長と消滅を繰り返す現実世界（車輪）を回すには、その中心となる車軸（五黄土星）が必要であり、その現実世界を支え、同時に五黄土星（車軸）の作用を伝えるのが四本のスポーク（四季の土用）ということができるでしょう。勿論、現実を回していくには、五黄土星と二黒土星、八白土星との共同作業であることは言うまでもありません。とすれば、車軸は中心にあって決して「ブレ」てはいけませんし、それどころか四本のスポークから伝わる車輪の重みをしっかりとうけとめる強さが求められるわけです。本命五黄土星の人が世話好きで人に頼まれると断れない、しかも自分の考えは曲げようとしないという気質をもっているのは、ここからも納得できるでしょう。

勿論、本命五黄土星の気質として傍若無人の言動をする人、自己中心主義の人、あるいは欲の深い人がいることも確かです。しかし、例えば四緑木星の正象は「風」ですが、この風もひとたび荒れ狂うと手のつけられない「暴風」にもなります。しかし風のこのようなマイナスの象意はあまり言われず、「柔順」という風のプラスの象意が好んでとりあげられるのが一般的です。これに対して五黄土星の象意はマイナスの面がクローズアップされていると言えるでしょう。つまり本命五黄土星の人の気質が「暴欲の人」あるいは「傍若無人な言動をとる人」というレッテルを貼られやすい理由のひとつとしては、「腐敗」「破壊」「自滅」などの象意や、大災害や大事件が五黄土星中宮の年に起こりやすいという印象に引きずられたところに原因があるのではないでしょうか。

言うまでもなく、以上は人間の本命星としての五黄土星のことであって、再三指摘してきましたように、方位としての五黄土星を犯した人は、強烈な腐敗・破壊作用をもつ「五黄殺」という最大凶方の方災を被ることは当然のことです。このことは決して混乱してはならない重要な点であることは言うまでもありません。

以上、五黄土星という星についてお話してきましたが、九星は五黄土星に限らず、どの星の象意作用も奥行きが深いものです。五黄についてもこれで問題が尽くされたわけではありません。例えば、易の太極が気学では五黄土星に該当するとされていますが、とすれば、太極と五黄土星との異同はどこにあるのかという問題も、気学の特徴を知るうえで興味深いものがあります。何故なら、もし、五黄土星の働きを腐敗、破壊などのマイナスの作用だけとするならば、万物はこの世界で生き伸びていくことは出来ません。こうしてみれば、地の働きや作用の代表である五黄土星は、後天定位の中央に位置することによって、八方位の星に生死両面にわたってその力を浸透させていることがわかるでしょう。ここに、五黄土星が後天定位盤の中宮に位置しており、しかも、先天定位盤の中宮に位置する太極に擬せられる理由が伺えるでしょう。

人間は生まれてくるときに、生々たる気をうけてこの世に出て来るのですが、逆に生まれた瞬間から、細胞が腐敗死滅するという形で死に向かって歩み始めているのです。「易は逆数なり」という言葉の一例です。年の中宮も月の中宮もみな回座する星は逆数で、この点でも気学は易を踏襲しているといえるでしょう。つまり、易の太極と同様に、万物は五黄土星に代表される土から生み出され、最後は死して、再び土に帰るわけです。こうしてみると、万物が混沌とした気の段階から徐々に八卦というかたちで生み出され、最後はまた、太極にもどっていく、という易の太極論と気学の五黄土星が交叉する予感があります。現象界をじっくりと観察して、ついに易が到達した万物の生死を支配する太極の役割を、気学が現実的、実際的に展開したと理解できるのです。

五黄土星については、まだまだ論じ足りないのですが、ひとまずここで項を終えることにしたいと思います。

［6］六白金星の秘密

方位	西北六十度の間
易卦	☰（乾）
易象	天
五行	金性
十干	辛（かのと）の一部、壬（みずのえ）の一部
十二支	戌、亥
季節	晩秋、初冬
月	十月（戌月）（寒露節、霜降節からなる） 十一月（亥月）（立冬節、小雪節からなる）
時間	戌の刻（午後七時～午後九時） 亥の刻（午後九時～午後十一時）
色彩	白

【基本的な象意】

六白を「天」とする：六白を易の乾（正象　天）に配する

六白を「高位」とする：天は万物の上にあるが故に高位に位する

六白を「闘う」とする：六白は権力闘争。九紫の争いは感情的な争い

六白を「活動」とする：天は休み無く活動し、万物に熱と光を与える

六白を「円い」とする：太陽の円形に象る

六白を「剛い」とする：易の卦で全陽。充実の極であるが故に剛く、強い

【主な象意】

父、夫、大人、指導者、威厳、完全、寛大、向上、高貴、投機、高慢、横柄、多忙、動く、機械、子供

【その他の象意】

人物‥社長、官僚、金属商、僧侶、神官、貴族、富豪
職業‥政治家、実業家、オーナー、医者、カーディーラー、警察官、コンサルタント
場所‥官庁、警察、神社、仏閣、税務署、役場、運動場、競技場
事物‥自動車、オートバイ、宝石貴金属、債権、手形、高級品、資本
人体‥頭、左肺、動脈（病気）脳溢血、心臓病

まず六白を自然現象の「天」と規定しているところから、六白金星は、天の作用の特徴である粛殺の気をそなえていると考えられています。「粛殺の気」とは、「厳しい秋の気が、草木をそこない枯らすこと」ということ、「天」は「地」とともに万物を養うエネルギーを与えるのですが、一年の四季のなかでも、秋は甘みをつけた実を秋気の力で枝から地上に切り落として、枯らす作用をもつ季節なのです。このような天の気の厳しさは、七赤金

星のいつまでも楽しんでいたいという心に、四季の循環の摂理を、情け容赦なく突きつけるという、いわば公明正大な自然の働きでもあります。このことは、天は地上の人間の行動の正邪を判定し、その正否の判断を自然現象によって報復すると考えられ、それは世間一般に「天罰」といわれていることからもわかるでしょう。このように地（坤☷）は好悪正邪の分け隔てなく万物を載せて滋養を与え育てるのに対し、天は熱を大地に降り注ぎ、大地と協力して万物を養う一方で、大地とは異なり、粛殺の力をもっているのです。

以上、六白金星の基本、易の正象である天についてみてきましたが、ここから、動いてやまず、多忙、後援者、機械、また、天空から万物を覆っているところから、物を覆う物すべて（例えば風呂敷、手袋、足袋など）、大きな取引、気位が高いなどの天の気に関連した現象を引き出す力として六白の象意があるのです。また、天は高所から地上を見おろすということから、公明正大、公（おおやけ）、万物や民衆、組織を率いるリーダーとしての力をもつ気であるといえるでしょう。そして天は清明な気ですから、九紫火星の気と同様、方災を切る力をもった気なのです。

では、六白金星の金星、つまり五行の金性はどうでしょうか?気学では六白金星の金は、「荒金（地中から掘り出したままの未加工の鉱石）」と考えられています。

この未加工の鉱石というイメージから、六白金星の気を本命星や月命星にもつ人間は、気質が荒削り、無愛想、愛嬌が乏しい、社交性が足りない人ということになります。しかも卦が全陽（☰）ですから、意志が強く、挫折しないという非常に強い気であることがわかります。従って交渉事や取引のとき、交渉相手に「気合い負けしない」よう、粘り強く駆け引きをする気力を与えてくれるのが六白の気なのです。このことは六白に続く星である七赤金星の解説の際に再度ふれることにしましょう。

図ー1

さて、金気の一層具体的な働きについては、図ー1のように、後天定位盤の六白に対応している十二支が戌と亥であることから一層明らかになります。「戌」の本来の字義は滅亡（滅ぶ・滅ぼす）の「滅」であるところから、金性は成熟した実を切り落とす気の作用をもち、また「亥」の本来の字義は「核（たね）」ということです。種というものは、植物を例にとれば花も実もない、いわば植物らしさがみられないものです。まさに六白の天の気が働き、「時期にあわせて切るべき物は切り、枯渇させ、再生の準備をさせる」という粛殺の働きの結果です。つまり、六白の気の働きは、地面に落ちた実を地上から地中へとりこみ、種にかえさせるきっかけをも作ってくれる大変重要な働きをもった気なのです。事実「核（たね）」という言葉には、内面にぎっしりと栄養分（エネルギー）がつまった状態という意味があるのです。要するに六白金星の金気とは、規則に厳しい、やや冷たさを持った気ですが、同時に、内面に爆発的なエネルギーを蓄えた気なのです。六白金星を本命星とする人がリーダーとしての資質をもちながらも、その厳しさ故に必ずしも組織の中で出世しないケースがあるのは、六白金星がもつ鉱金のこのような本質に一因があるのではないでしょうか。そしてこのような六白金星の特徴は、七赤金星の金気と比べるとき、その相違が一層明瞭になるのです。

［7］七赤金星の秘密

方位	西三十度の間
易卦	☱（兌）
易象	沢
五行	金性
十干	庚（かのえ）、辛（かのと）
十二支	酉
季節	仲秋
月	九月（酉月）（白露節、秋分節からなる）
時間	酉の刻（午後五時～午後七時）
色彩	赤（五行によれば白）

【基本的な象意】

七赤を「沢」とする‥易の兌（正象　沢）に配する

七赤を「不足」とする‥一爻不足（☰に対して☱は、ひとつ陽爻が足りない）に発する

七赤を「悦び」とする‥「兌」の卦象から、悦楽の意。金銭の悦び、異性の悦び、飲食の悦び

七赤を「金銭」とする‥加工された金属から、広く金銭の意

七赤を「口」とする‥「沢」は、窪地。口が開いている象

【主な象意】

少女、愛嬌、如才ない、飲食、色情、誘惑、弁舌、散財、贅沢、道楽

【その他の象意】
人物‥末の女の子、ホステス、銀行員、コック
職業‥商売（とくに水商売）、弁護士、調理師、食品関係、金融業、歯科医、質屋、喫茶店
場所‥低地、料理屋、スナック、バー、パチンコ屋、結婚式場
事物‥現金、刃物、金物、紙幣、財宝、借金、ご馳走
人体‥口、歯、右肺　（病気‥歯痛、性病、肺病）

七赤金星は五行が金性であるところから同じ五行の六白金星と比和の星とされています。では、六白金星と七赤金星との相違、そして七赤金星の気の特徴はどこにあるのでしょうか。まず易の関係からみると七赤のシンボルを自然界の「沢」としています。沢地は山と山の間の麓の湿地帯のことで、湿地、但し水がない場合には沢は「谷」になります。

山が八白、平地が二黒であるので、☱を「沢地」とすれば、これで地表の全体を網羅していることができるでしょう。この沢地というのは、なかなか微妙であって、水があれば沢となり様々な植物が繁茂し、動物の水飲み場ともなり、昔の人々にとっては生活の保証と安定、そして潤いを与えてくれる場所なのに対して、もし水がなければ谷となり、生活を支える自然の恵みの役割はなくなるのです。また、兌の卦の第三爻が陽であれば、☰（天）となり、天は気迫に満ちた気質であるところから、兌（☱）は一爻不足といいならわされて、その結果七赤の気による現象には「不足」の象意が現れると言われています。

さて、この「兌」の字義ですが、通例では、人が跪き、両手で杯をもって、口を大きくあけて酒を飲む象とされています。あるいは、酒を飲むのでなく、口を大きく開けて笑う姿とも解釈され、いずれも「悦びごと」、「うれしいこと」、「楽しいこと」という現象を導く気であるとされています。さらにここから趣味、芸事、道楽をはじめ、男女の恋愛事までがふくまれます。これらはすべて人生を色とりどりに彩るものという意味で共通しているといえるでしょう。

次に五行の金性についてですが、七赤の金性は加工された金、「彫金」ともいえるものです。その代表は硬貨でしょう。七赤は後で述べるように「現金」という象意をもっているうえに、硬貨は数種類の金属を錬り混ぜて銅貨やニッケル硬貨などに鋳造されます。その他、金属製品、例えば「やかん」「フライパン」などもその一例ですが、いずれにしても、加工された金属製品は使用すればするほどすり減っていくものですから、ここからも、七赤金星の不足という特徴的な象意をみることができるでしょう。六白の金性である鉱金ではなく、加工された金属である彫金としての金性は、私たちの本命星や月命星にとっても大きな影響があり、本命七赤金星の人は、気質がなめらか、社交的、座をとりもつのがうまい、話題が豊富という気質が多く、特に女性の場合には、金性であるが故にクールな美人というかたちで現象してきます。また、男性の場合には、一爻不足という卦や「兌」=悦楽というところから、気力の不足、駆け引きに弱い、気迫に欠ける気質の人、あるいは趣味人、道楽者が多いとされています。同じ五行でも鉱石＝未加工の金の気である六白金星の金性とこれほどの差があるのには驚かされるでしょう。

ところで七赤金星は十二支の関係で「酉」にあたります。酉の字は「醸」に由来しており、「かもす」という意味で、植物の成熟、完熟（最も甘みを含む状態）ということであり、ここからも酒食、酒盛り、宴会、グルメという象意が導きだされてきます。しかも、かつては、成熟した植物を市場にもっていき、そこで商品として売って現金を得ていたことからも、七赤金星の象意に「現金」あるいは「現金の出入りを活発にする」という意味があるとされるのです。このように一見すると七赤金星は良いことだらけですが、しかし、季節は仲秋にあたり、すでに夏の熱気は完全に去り、来るべき冬の到来を予感させ、秋の厳しさを感じさせる風が吹き始める時期なのです。また、人生の厳しさを例えた「秋風が身にしみる」という諺がある所以でもあります。厳しさの点では七赤金星と比べて六白金星の方が一層厳しく、強弱に温度差があるものの、五行を同じくする六白金星と同様、厳しさ、クール、の面が七赤金星において、すでに冷気が顔を出していると言えるでしょう。七赤金星の人にはクールな人が多いと言われる所以です。

最後に七赤金星の象意について大切なことを付け足しておきましょう。というのは七赤金星は、易で「兌」と結びつけられ、この字義から「悦び」の作用とされ、現金の出入りを活発にする気の働きをもつということで、吉方位どりでも人気のある方位なのですが、実は、喜んでばかりもいられないのです。

まず字義からみますと「兌」に由来するものとして、先ほどの「悦」のほかに、「鋭い」「脱ぐ」などもあります。この「兌」は一説によりますと「人の衣を開いて脱がすさま」あるいは、兌換紙幣といって、銀行にそっくり紙幣を渡し、それに見合う金と交換してくれるという意味の兌であり、さらに「虫」と「兌」とを組み合わせると「ゼイ」という音の字になり、「セミが殻から抜け出る」という意味になります。このように「兌」には「抜け出る」「すべてを手放す」というあまり知られていない象意があるのです。いうまでもなく、七赤金星の後天定位は西で、衰運第二期であるために、西の七赤金星に同会するということは、他の衰運期よりも運気の衰えが明確に現象する傾向があるといえます。従って、心当たりのある人は、楽しいことばかりを期待しないで、自分の星が西に回座した年はこのような七赤金星の面にも注意する必要があるでしょう。

[8] 八白土星の秘密

方位	北東六十度の間
易卦	☶(艮)
易象	山
五行	土性
十干	癸(みずのと)の一部、甲(きのえ)の一部
十二支	丑、寅
季節	晩冬、初春
月	一月(丑月)(小寒節、大寒節からなる) 二月(寅月)(立春節、雨水節からなる)
時間	丑の刻(午前一時~午前三時) 寅の刻(午前三時~午前五時)
色彩	白(五行によれば黄)

【基本的な象意】

八白を「山」とする…八白を易の艮（正象　山）に配する

八白を「貯蓄」とする…「止まる」に由来する

八白を「継ぎ目」とする…丑（旧年）、寅（新年）とのつなぎ目

八白を「相続」とする…「継ぎ目」から発する

八白を「変化、復活」とする…丑は陰の終わり、寅は陽の始め

八白を「強欲」とする…土星はすべて「欲」の意を含む。二黒土星は「正欲」五黄土星は「暴欲」ともいう

【主な象意】

少男、変化、相続人、境界線、地境、親戚、執着心、強欲、閉店、開業、やり直し、

引き継ぎ、高い所の土

【その他の象意】

人物‥末の男の子、管理人、相続人、養子

職業‥ホテル業、倉庫業、不動産仲介業、接骨医、マッサージ師

場所‥山、高台の土、駐車場

事物‥マンション、アパート、不動産、貯金、定期預金、家具

人体‥関節、腰、鼻（病気‥関節痛、蓄膿症などの鼻の病気、腰痛）

後天定位の中央に位置していながら、卦象をもたない五黄土星の働きとその特徴については、すでに述べてきましたが、その際、二黒土星は易象が「坤」であることから、「地（平地）」をシンボルとし、万物の滋養・生育をその主たる作用としていること、また、

八白土星は易象が「艮」であることから「山」をシンボルとし、植物に例えれば、その成長・成熟・結実・種子という新たな段階へ移行する力・作用を担っているといえます。ただ、ここで述べておかなければならないことは、図−1からもわかるように、四季の変化・移行は気学では、土用の役割とされています。いうまでもなく土用は生成と腐敗・破壊を司る五黄土星の働きが季節にあらわれたものであり、従って土用は五黄土星そのものといえるために、土用の期間に腐敗力の強い土の気にふれることは厳禁とされているのです。つまり土用は、四緑木星（春の土用）、二黒土星（夏の土用）、六白金星（秋の土用）、そして八白土星（冬の土用）のようにそれぞれ領域が重なりますが、あくまでも五黄土星の働きが季節に現れた期間であって、これら四つの星と同じではありません。事実、二黒土星や四緑木星、六白金星や八白土星に、腐敗、破壊という象意はないのです。但し、八白土星と二黒土星は、別名表鬼門と裏鬼門といわれており、四緑木星や六白金星とは別の意味をもっているといえます。例えば、五行との関係からみれば、図−2のように、二黒土星の領域の土用、すなわち夏の土用は火気の中の土用ということで、火に熱せられた土であり、その結果、水分のほとんどない乾燥したひび割れた土、いわゆる「乾土」であり、このように水分をほとんど含んでいないために、植物や農作物を枯らし、生き物の生命力をもっとも損なう土用なのです。これに対して、八白土星の領域の土用、冬の土用は水気のなかの土用であり、水分をたっぷりとふくんだ土で、生き物にとっては、土用とはいえ

図－1

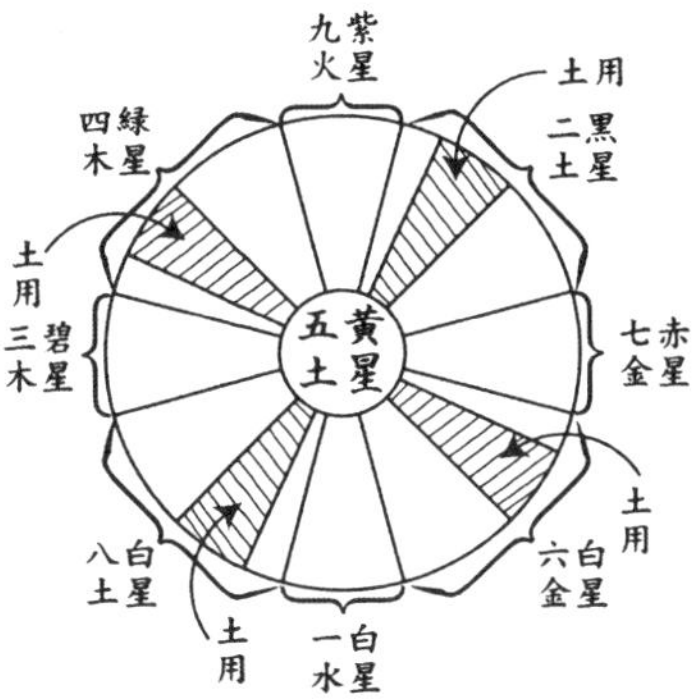

図－2

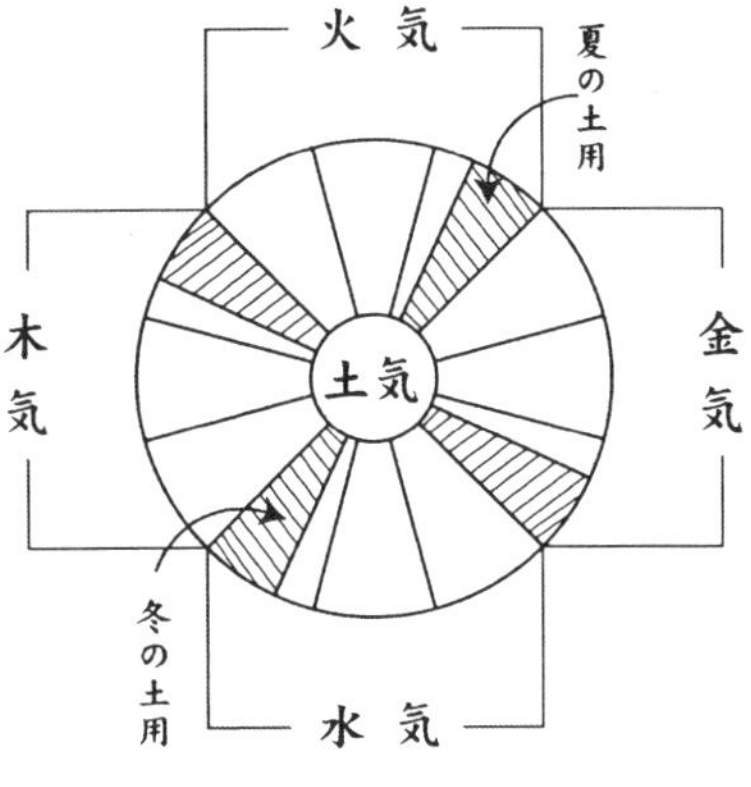

ありがたい働きをもつ土用であるといえるのです。ここから冬の土用と領域が重なる八白土星が「鬼門」あるいは「生門」とも呼ばれ、新たな生命の誕生という意味での「変革」という意味が由来することがわかります。

次に十二支から考えてみますと、図―3にあるように、八白土星の領域には、丑と寅があり、丑月（一月）は大寒節で、四季の最後にあたります。その意味で旧一年の完了月であって、植物の生態に例えれば、地中にいる最後の月であり、翌月は新たに地上に生え出る月、新たな生命の開始ということになります。寅月（二月）が立春節にあたるといわれる所以です。ここから、八白土星の象意として終了（丑月）と開始（寅月）、繋ぎ目、関節、相続などとともに革新という象意が導き出されるのです。こうしてみると、八白土星の

図―3

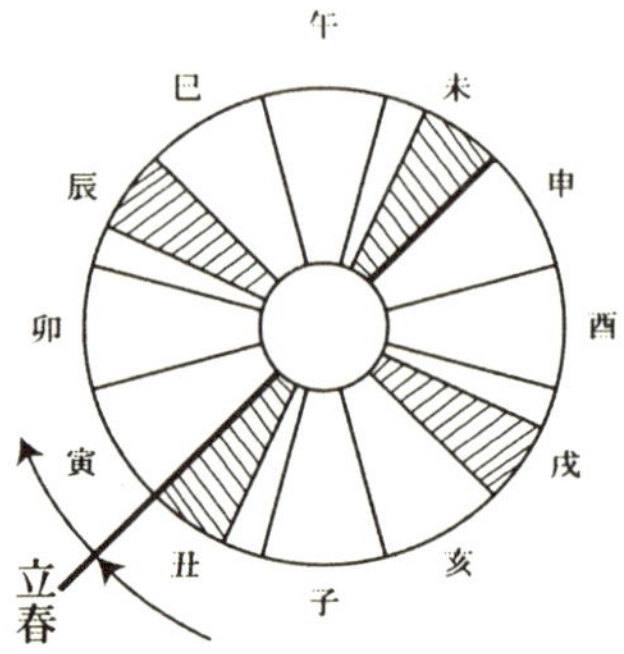

変化・変革の作用というのも、腐敗・破壊と生成という土用（五黄土星）の働きだけではなく、地上への発芽、つまり生への新たな変革という十二支の寅の意味合いが強いことがわかります。

以上、八白土星の象意のうち、変化・変革の由来を土用や十二支を手がかりにみてきました。ところで八白土星の易象の代表は「山」でした。つまり八白土星に対応するのは易の「艮為山」なのです。しかもその注釈には『「艮」は止まるなり』とされており、とすれば「止まる」という象意はこれまでみてきた変化変革とは、反対の象意になってしまいます。

では両者はどのように関わっているのでしょうか?これは八白土星を論ずるときに避けて通れない問題です。

そこで次に、この問題に焦点をあてて考えてみることにしよう。

まず、ここまで明らかになったことは、

（イ）四季の土用とは五黄土星の働きが季節にあらわれたものであること。そして、それぞれが二黒土星、四緑木星、六白金星、八白土星の領域と重なっていること。
（ロ）そのなかで八白土星、二黒土星の星は別名、表鬼門（生門）、裏鬼門と呼ばれ、従って冬の土用（湿土）と夏の土用（乾土）もこれらの領域と重なっていること。
（ハ）しかし、表鬼門が新しい生命、あるいは革新という象意をもつのは、土用と重なるからだけではなく十二支の「寅」の位置にも由来すること。
などについて明らかにしてきました。

そこで、ここではまず八白土星の五行、「土」について見ることにしましょう。「土」の本質に「欲」があることは周知のとおりです。それは土が万物を腐敗させて分解し、自分に吸収しやすい状態にして吸収し自分の養分にしてしまう、という一連の作用に由来しているのです。従って五黄土星はもちろん二黒土星、八白土星もその主要な象意として「欲」があり、通例では、その特徴の違いを二黒土星の欲は「正欲（生存欲）」、五黄土星の欲は

「暴欲」、八白土星の欲は「強欲」と特徴づけられているのです。八白土星の欲が「強欲」とされるのは、ひとつひとつが欲をもっている土の積ったものが山であるところにあるといえるでしょう。

こうしてみれば、二黒土星が「平地」「田畑」という卦象から生存欲とされ、八白土星が強欲とされるのも、「山」という象意と無関係ではないことがわかります。

さて山はその場にしっかり止まり、どっしりと存在していて、すべての動きを阻む力をもっているとされます。つまり物事や状況の進行が停止するところといえるでしょう。たとえどんなに激しい勢いの濁流も山にぶつかれば行く手を遮られてしまいます。しかし、易の注釈には「ただひたすら止まるのではなく、必要な時がくれば、動かなければならない。とにかくじっとしているにしても、動くにしても、そのタイミングが大切である」と述べられています。まずは不動というところから「軽率に行動しない」「事態をよく見極めて、できるだけ不用意な行動は控える」「何かしたいという誘惑にかられても、我慢するのが大事」という象意であると解釈できます。動くタイミングというのも、四季が無欲のうちに推移するような動きのことであって、欲にかられて動けば、事態は必ず悪化の方向にすすみ、困難に陥るとされているのです。即ち人間は本来欲望をもっているし、誘惑に弱い存在であり、しかも八白土星の定位（艮宮）が衰運期にあるということを考えあわせれば、本命星が艮宮に同会している年に、転職、結婚、増資など、節目になるような動きをすることを勧められない理由がまさにここにあるといえるでしょう。

ところで山には不動というほかにもう一つ全く別の側面があります。たとえば山は新鮮な気を厚く敷きつめたところである、と考えられていたようです。このことは、山が霊的な存在であり、新鮮な気の満ちあふれたところということでもあります。古来から神社がそのよい例です。山中に建てられ、霊山・霊峰とよばれて、修行僧や山伏が霊場とみなし修行の場として選んだのも、このような理由からでしょう。しかも、土壌が幾層にも積み重なった山は欲望の強さを連想させると同時に、エネルギーの象徴でもあります。まさに

『哲理学』のなかで、「二黒土星―平地、古い土、宅地、田畑、道路など既に人が使用せる土」とされているのに対して、八白土星については、『山の土、新しい土、「陽」未開の土』とあるように、〝新鮮な陽土〟と解釈されている所以もここにあるといってよいでしょう。つまり、八白土星の象意として変革・革新というとき、それはまさに新しいものへの変化の力なのです。つまり、八白土星は、野球に例えれば九回裏の逆転満塁ホームランのように、絶対絶命の窮地にあって事態を打開するエネルギー、起死回生の変革の力をもつということができます。

以上、八白土星について述べてきました。気学では、八白土星の象意としては、ややもすると「強欲」と言って欲望が強調されますが、そのような考え方のなかに、現実を重視する気学の態度、そして人間の業（欲）の深さを見る目の確かさを感じるのです。気学は決して空理空論をもてあそぶ運命学ではなく、むしろ、人間の心、欲を十分に心得たうえで、「みだりに動くな」という象意を肝に銘じつつ、窮地打開の吉方の方位として八白土星の気を使おうとするところに、気学の現実打開の力強さ、前向きな姿勢を感じないわけにはいかないのです。

［9］九紫火星の秘密

方位	南三十度の間
易卦	☲（離）
易象	火
五行	火性
十干	丙（ひのえ）、丁（ひのと）
十二支	午
季節	仲夏
月	六月（午月）（芒種節、夏至節からなる）
時間	午の刻（午前十一時～午後一時）
色彩	紫（五行によれば赤）

【基本的な象意】

九紫を「離」とする：九紫を易の離（正象　火）に配する

九紫を「麗」とする：付着するの意。前記とあわせて、九紫を「離合集散」とする

九紫を「明るい」とする：南は太陽が最も明るく光り輝く方位

九紫を「炎」とする：燃えさかるが自身が燃えるのではなく、燃える物に依存して燃え移るので実態はない

九紫を「高貴」とする：「九」は数の最高位

九紫を「争いごと」とする：熱の激しさ、プライドの高さから、競う、争うの意

【主な象意】

中年女、仲夏、感情的、鋭敏、別れる、ケンカ、口論、鑑定、火災、華美、色彩、理

屈、絵画、診断、見る、薬、美術、美容、高慢、神経質、離散する、裁判、情熱、高級、移り気、名誉

【その他の象意】

人物：中年女、デザイナー、美容師、モデル

職業：ジャーナリスト、評論家、芸術家、運命鑑定家、タレント業、薬剤師、写真家、美術商

場所：劇場、書店、博物館、画廊、警察、裁判所、デパート、病院、役所

事物：炎、太陽、光、アクセサリー、メガネ、化粧品、高級ブランド品、公文書、文房具

人体：目、頭、神経、心臓（病気：眼病、頭痛、心臓病、不眠症、神経症）

まず気学では九紫のシンボルを自然界の「火」としています。しかも一白水星と同様に比和星はありません。常識的に水と火は、互いにその本質を損ない合う関係ですが、『周易―説卦伝』では、「水火相い射わず・・」（水と火は全く相異なる性質でありながら、いがみあうことなく協力して物事を成し遂げる関係にある）とあり、決して相剋関係とだけは見ていないようです。

実際、図―1の先天定位盤では、一白水星と九紫火星は東西に向かい合い、互いの卦象も、一白水星は・、九紫火星は・とあるように、互いに爻が交差する配列になっています。このことは図―2の後天定位盤でも同様で、両者はそれぞれ南北に位置し向かい合っています。つまり、方位的には相対立する関係にありますが、爻は互いに組み合う関係を構成しています。あるいは、図―1の先天定位盤の場合には、八卦すべてが陰陽が互いに組み合う位置関係になっていますが、図―2の後天定位盤の場合には、一白水星と九紫火星のみが対峙しているのです。ここに一白水星と九紫火星の対立しつつ補完し合うという、両

図ー1

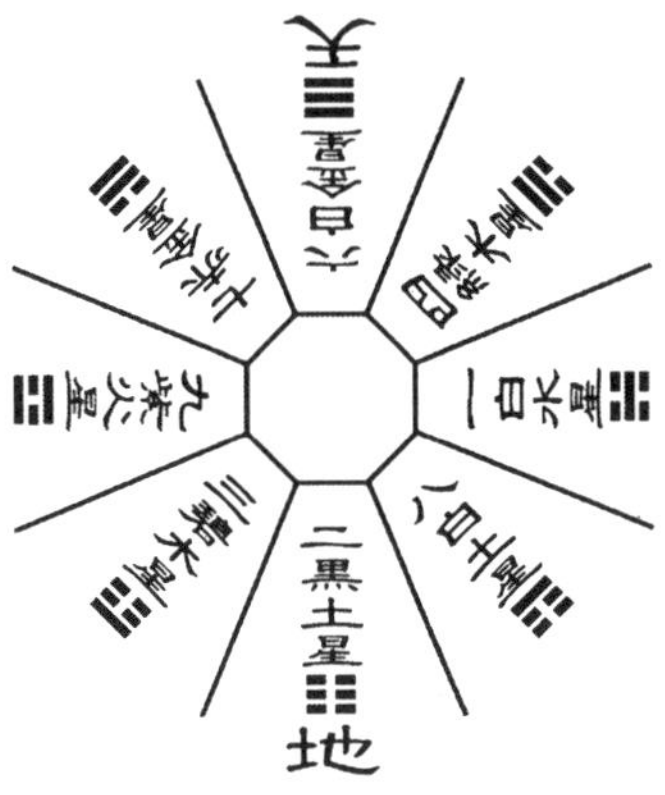

図ー2

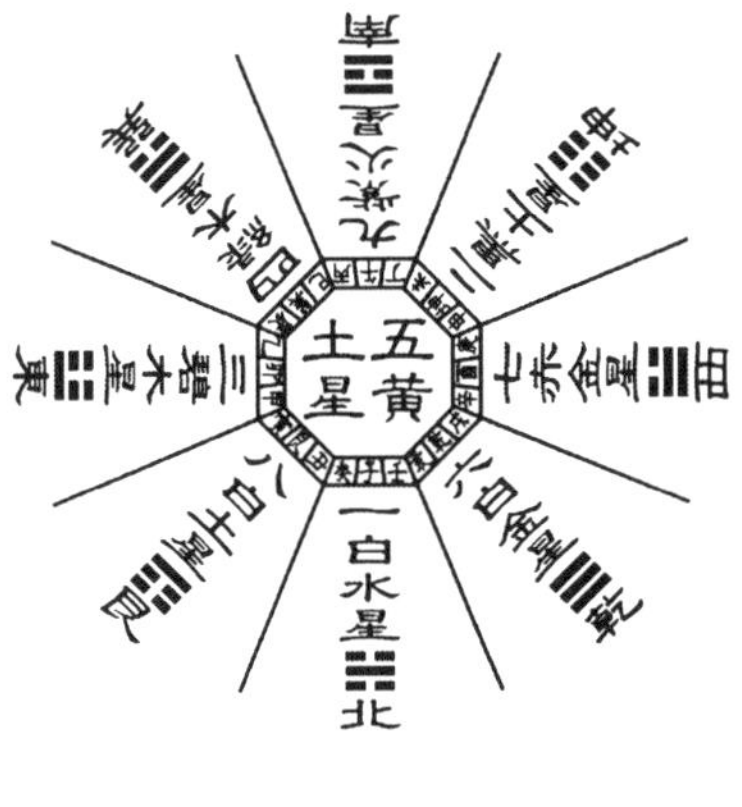

者の独特の関係が示されているといえるでしょう。図ー1の先天定位盤は方位はなく、天（乾）（☰）と地（坤）（☷）が上下に合い向きあって中心軸となっているのに対して、実世界を表している図ー2の後天定位盤では、一白水星（☵）＝水と九紫火星（☲）＝火が縦（南北）の中心軸になっていることを示しているのです。事実、現実生活では、

例えば「米」を「飯」にするには水と火によるのであり、近代文明の先駆けである蒸気機関は、人間がはじめて手にした動力であり、これもまた水と火から成り立っていることは、いまさら指摘するまでもないでしょう。まさに、上記の『周易―説卦伝』の「水火相い射わず・・・」という言葉は、水と火との関係を考えるとき、意味深長であるといえるでしょう。

　さて、九紫火星の卦象☲は二陽一陰で、外側は明るく（陽）、内側は暗い（陰）という象で、まさに炎そのものです。ですから、本命星が九紫火星の人の気質は、一見華やかで、活発、強気にみえますが、内心は弱い、あるいは挫折しやすい人ということができるのでしょう。つまり「攻めには強いが、守りは苦手」ということです。ところで、易では「離」を「麗」として、もっぱら「つく」の意味を説いていますが、気学では、一般的には、九紫火星の代表的な気の働きを「離合集散」と規定しています。九紫火星の後天定位は南ですが、この方位は十二支では「午」で、この字の原義は「忤」という字です。忤とは別れるという意味で、まだ成長力を残している葉とすでに成長力が衰え、緑色があせている葉とが分かれ合う位置に九紫火星があたっているのです。再三述べてきたように、気学は地の働きを重視する運命学で、ここでも植物の消長輪廻に範をとっているのではないでしょうか。

また、一白水星と九紫火星は『哲理学』のなかで、「南北の気相通ず」と指摘されていますが、これは非常に重要な指摘です。両者とも神経質、知的好奇心が旺盛な星です。例えば家相で北（後天定位、一白水星）方位の欠けがある家相に住んでいると、精神を病むという南（後天定位、九紫火星）の凶方位の現象が表れることがあるといわれる所以です。

さて、最後に注意を喚起しておきたい点がふたつあります。まず第一に、気学の一般書の大半では、九紫火星を本命星とする人の適職として、「学者」「研究者」とされるのが常ですが、しかし、これは大いに疑問があります。というのも、九紫火星は、会話がうまい、移り気、華やか、という象意にもあるように、研究者に必須の「地道で持続的な研究生活」

よりも、学問の周辺、あるいは華やかで学術的、知的な雰囲気が九紫火星の人に合うといえるでしょう。ここから「学者」「研究者」よりも「ジャーナリスト」「評論家」「エッセイスト」などが適職といえるのです。

さらに第二に、九紫火星の象意には「名誉」というのがありますが、しかし、一方で「九紫火星の人は一匹オオカミ的であり、また、下積み生活をいやがるので部下の苦労がわからない人が多い」とされるのに、出世・名誉とはどういうことでしょうか？この秘密を解く鍵は、九紫火星の人が備えている「勘のよさ」「会話の巧みさ」「決断力や実行力の鮮やかさ」にあるのです。つまり衆望をつかむのは苦手ですが、特定の目上の人の評価を勝ち取ることは、持ち前の勘のよさで本能的にうまいのです。「人のかゆいところがどこか」を直感的に気づき、そこに快く接してあげる能力に長けていると言えるでしょう。逆にこうして掴んだ名誉であるために、衆望という「後ろ盾」がありませんから、その地位から転げ落ちるのもあっけないものがあります。いざというとき、その人を支えたりかばったりしてくれる友人が少ないからです。「九紫火星を本命星とする人は徳を積むこと」と気学で言われる所以です。本命星としての九紫火星についてこれらの特徴を把握していないと、その理解も表面上のうすっぺらなものになってしまい、判断を誤ることになるでしょう。

第Ⅱ章　気学の問題

［1］『比和』について

気学では、吉凶の理論として五行の相生と相剋の論があることはよく知られています。相生は吉、相剋は凶ですが、吉として「比和」という関係もあります。ご承知のように、気学において比和とは五行を同じくする九星同士のことをいっているのです。三碧木星と四緑木星は、同じ「木」という五行であり、六白金星と七赤金星は同じ五行である「金」、二黒土星と五黄土星、八白土星はいづれも同じ五行である「土」ということから、比和の関係にあるとされています。「比和」の役割は、万物の構成要素を木火土金水の五要素とする五行と、森羅万象を成り立たせている気を九種とする気学とを統一するところにあります。要するに比和の理論によって九種の気に五行を遺漏なく配して、気学をより現実的実際的な運命学にしているのです。

ここで興味深いのは、九星に対する五行の配当です。いうまでもなく、気学は九種の気

から構成されているのに対して、五行は、先程述べたように五種の要素から構成されてい

図―1

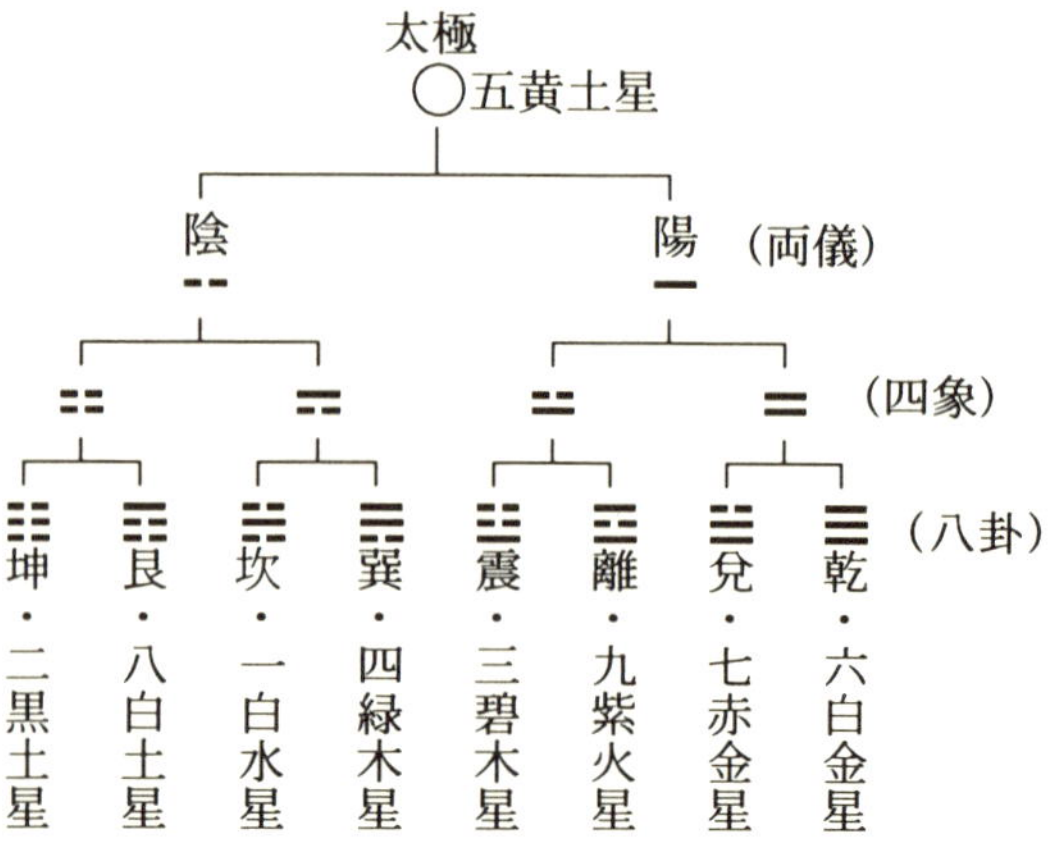

ます。この数の異なるふたつの理論を気学は見事に対応させているのです。気学では、木は「生木」といって、地に根を張って生命をもっている木と、これを伐採して乾燥、製材され、人間に使いやすい道具として加工され形を変えた木工品としての「調木」の二種類に分類され、「木」性はそれぞれ三碧と四緑とに配されています。

また、金も地中から採掘されたままの「鉱石」（未加工の金属）と、その金属を精錬したり、あるいは硬貨などのように、いろいろな加工物を混ぜて人間にとって使いやすい形に鋳造した

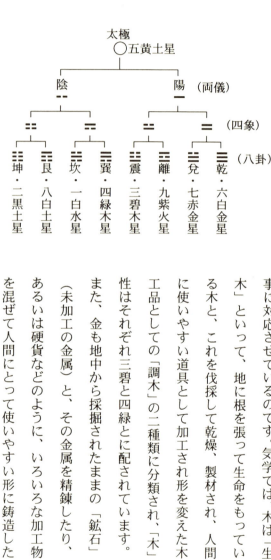

「彫金」があり、「金」性もそれぞれ六白金星と七赤金星に配されています。

さらに二黒土星と五黄土星、八白土星の三種の土星の比和の関係にも、気学独自の考え方が潜んでいるのです。まず、二黒土星に対応する易の卦象は☷（坤）、正象は平地、八白土星に対応する卦象は☶（艮）、正象は山であるのに対して、気学の五黄土星には、易でいう卦象がありません。それは図―1からわかるように、気学における五黄土星という星は、易における太極に位置づけられているからなのです。易における太極とは図―1にあるように、陰陽両儀を生み、さらに四象を、そして最後は万物の基礎である八卦つまり万物を生み出す中心を意味しています。ここから、太極とは気が未だ陰・陽の二気に別れていない状態のことであり、万物の根源であることがわかります。この太極を気学では、五黄土星に配したのです。このため、五黄土星は、後天定位盤では中宮におかれ、卦象のない特別の星として扱われているのです。しかも、易は八卦から成り立っているのに対して、気学は九星であるために、九星を八つの卦に配当するという難しい課題を克服する必要があったわけです。気学はこの課題を五黄土星を太極に配することによって解決したのです。それと同時に、こうすることによって気学の独自性をたかめたところに気学の偉大さを感ぜざるを得ないのです。さらに、五黄土星の「五」は数の成り立ちを示した『河図』において、中央に位置し、事実、一から十までの数のうち、一から五までが生数といわれ、六から十までは成数といわれるのですが、その理由は、成数はすべて五を加えることによって成り立っているからなのです。例えば、六は五と一から成り立ち、七は五と二から成り立つということです。その他、五官、五味、五色、五臓をはじめ、五は万象の基礎とされている数です。五黄を五行の「土」に配したのも、気学がいかに「土」の働きを重視しているかを物語っているのです。それと同時に、これによって八卦と九星の数の不一致にうまく対応していること、そして五黄土星には卦象がないこと、したがって作用はあっても、二黒土星が平地、八白土星は山というような形態がない理由も理解できるでしょう。

しかも他方では、太極に擬されている五黄土星の象意を、腐敗、自滅、墓場、死人、自殺などと忌むべき象意に限定しているところに、気学の独自性と実用性があるのですが、この問題は『比和』とは別の問題ですから、他の機会に譲りたいと思います。ただ、平地という正象で万物を載せ養う二黒土星と、不動の山という正象で人間に軽率な行動を戒める八白土星と、万物を創造・破壊させる五黄土星というそれぞれ三つの星が「土」性の本質を共有しつつ、その形を異にしているところに「比和」という考え方が成り立っていることが理解できるでしょう。

このようにみてくれば、一白水星と九紫火星の場合には、何故比和の星がないのかもわかります。一白水星の五行は「水」ですが、水はどのような状態でもその本質も形状（現象）も変わりません。飲み水の水も洪水の水も、その勢いや清濁に差はあっても形状に変わりはありません、また、九紫火星の五行は「火」ですが、火もまた水と同様、その本質も形状も変わりがありません。例えば、米を炊く火も、焚火の火も、山火事の火も、大小にその差はあっても、炎の形にかわりはありません。つまり本質（五行）は同じでも、形状が異なる「比和」の星はないのです。

以上、九星と五行の間に成り立っている「比和」の意味についてみてきました。こうしてみると、いかに気学が五行説を巧みに吸収し、森羅万象の気の多様性を成立させる鍵として比和を五行説に生かしているかが納得できるのではないでしょうか。

［2］鬼門と裏鬼門について

「鬼門」という言葉は、私達にとって特別な響きと意味をもった言葉として使われています。このごろの若者たちでさえ「鬼門」という言葉には独特の反応を示すことが多いようです。また年輩者も、例えば苦手な人や所を、「○○は鬼門だから・・」と言うことがあります。その背景には「鬼門」という言葉が「忌み嫌うおどろおどろしい」方位のことであり、「中国の占いなどに由来する古くからの言い伝え」という印象をもたれていることがわかります。「鬼門」という言葉の由来は、中国の漢代の「論衡」という書物のなかにあります。そこには『「山海経」という本によると、青い海原の中に度朔山という山があり、その上には大きな桃の木があって、三千里もある枝がうねっている。その枝の北東のすき間を鬼門といい、あらゆる鬼の出入りする所になっている。』と書かれています。ここに「鬼門」という言葉が見られ、「鬼門」とは「鬼が往来する北東にある出入り口」

であることがわかります。

元来、中国では「鬼（キ）」とは、この世の人間にいろいろ影響を与える死者の魂のことでした。これが恐ろしい形をして人を害する日本の「おに」（「隠（おぬ）」がなまった言葉とされる）と混ざり合い、鬼は生きている人間が何かちょっかいを出すと、仕返しの祟りをすると信じられるようになり、ここから、鬼が出入りする鬼門をいじると祟りをうけると恐れられるようになったのです。しかも北東の方位は十二支では丑と寅であり、古来十二支は動物と関係づけられたため、丑と寅の方位と、丑の角と寅の牙を組み合わせた鬼の顔のイメージが重なって人々の恐怖心をあおり、鬼門は、「祟りをうける恐ろしい方位」「手出しをせず、そっとしておいたほうがいい恐ろしい方位」という解釈が定着したのでしょう。

ここまで鬼門という言葉の由来について話してきましたが、気学の立場から考えてみますと、この後天定位盤の北東は八白土星の定位です。実は、この八白土星（艮・北東）はいろいろな意味がある方位です。艮は丑寅ですから、十二支の字の成り立ちからすれば、丑は晩冬にあたり、地中の種にやどる生命がいよいよ始動しはじめる時期になります。具体的には芽が出、根が伸び始めて、その根が絡まり合う現象をとらえ、これを「紐」（根が絡む）という字であらわすところに、丑の字は由来しているのです。さらに種から出た芽が地面上にひろがる現象から、これを「演」（演‥のぶる）という字であらわし、ここから寅の字が成り立っているのです。このことは新しい生命が地上に現れる寅の月に立春節があたることと符合していると言えるでしょう。

しかし、一方、十二支の陰陽の関係からすれば、図ー1のように、艮は冬の終わり（晩冬）にあたる丑と、春の初め（初春）にあたる寅との、つまり陰と陽の接点から成り立っているところでもあります。

さらに九星の相生・相剋の関係からみてみましょう。

後天定位盤によりますと、図ー2のように、九星は五黄土星を中宮とし、北からそれぞ

図ー1　十二支の陰陽

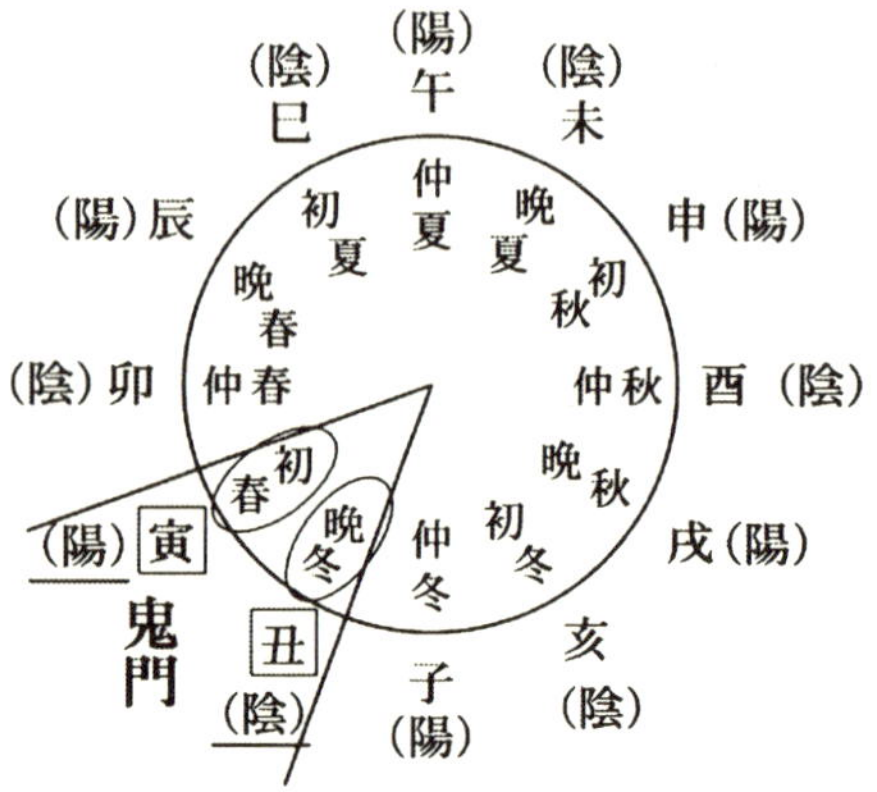

図ー2　九星の相生・相剋

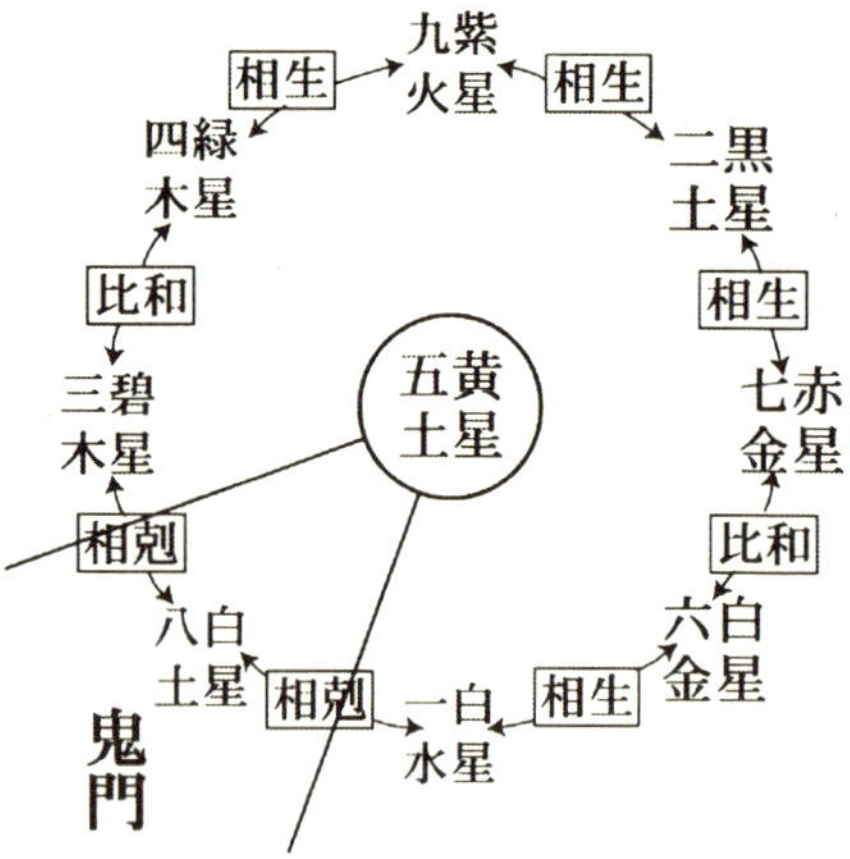

れ一白水星・八白土星・三碧木星・四緑木星・九紫火星・二黒土星・七赤金星・六白金星が位置しております。これを五行の相生・相剋の関係からみますと、隣り合う三碧木星・四緑木星・九紫火星・二黒土星・七赤金星・六白金星・一白水星の関係は、互いに比和か、

相生の関係になっていますが、一白水星・八白土星・三碧木星の関係は、五行の気が相剋の関係になっているのがわかります。つまり、艮（丑寅・北東）の方位とは、気が激しく交流している位置であるといえるのです。このように図ー1、図ー2から、艮（丑寅）方位として「変革」「継ぎ目」「相続」「子孫」「親戚」などの象意が導き出されます。

さて、気学の立場から鬼門の方位である八白土星（艮）をみてきましたが、後天定位盤で八白土星が回座している艮（北東）の方位自体に吉凶はありません。但し、家相にあっては、「張り・欠けなし」を吉とし、気を外に洩らすような玄関やビルト・イン・ガレージ、大きな窓などの「空き」や「欠け」「張りすぎ」を凶とし、できれば納戸などにして、きちっと気を内部にとどめることが吉相とされるのです。

さらに、九星の相生・相剋の関係からは、先程の図ー2で説明しましたように、八白土星（艮）が前後の「一白水星（坎）」「三碧木星（震）」と互いに相剋しあっているために、艮方位は気の流れが激しく交流している方位でもあります。変化の作用をもつ土性をもっている二黒土星、五黄土星、八白土星という三つの土星のうち、とくに「急変」という象意が八白土星（艮）にあたえられている理由もここにあります。このような関係から、本命星が後天定位八白土星に同会している間は「新規のことを慎む」、あるいは、最初は好調でも、結果としては不調に終わる、とされているのです。また、艮方位を使う難しさは、先程お話した家相においても同様で、艮方位に建てた別棟や物置は、その後、取り去ることは大変難しいとされています。このように気学の立場からみますと、俗に「鬼門」といわれる「艮」方位は、格別の注意をはらう必要のある方位であることがおわかりになったことと思います。

ところで、鬼門の話が出ますと、それと対になって「裏鬼門」の話も出てきますので、ここでふれておきましょう。これも気学の立場から見れば、裏鬼門といわれる坤（未・申）は、図ー3のように、それぞれ艮方位の十二支（丑・寅）の対極にあたります。ちょうど五黄殺と暗剣殺とが対極の関係であるように、「鬼門」と「裏鬼門」とが一対で恐れられてきた理由のひとつも、この対極関係にあるわけです。

この裏鬼門の作用については、四季と土用の関係から見てみますと、わかりやすく理解することができます。図－4のように、土用には四つの土用があり、中央の五黄土星の作用が季節にあらわれたものとされます。この四つの土用は十二支では「辰、未、戌、丑」即ち、月では四月、七月、十月、一月であり、それぞれ春の土用、夏の土用、秋の土用、冬の土用とされています。後天定位盤で見ますと、四季のピークである仲春、仲夏、仲秋、仲冬が四正方位（東・南・西・北）に位置し、四隅方位（艮・巽・坤・乾）に位置している土用の破壊・創造の作用を借りて、四正と四隅とが交互に繰り返すことによって、冬から春へ、春から夏へ、夏から秋へ、秋から冬へと季節がスムーズに転換していくことができるのです。この意味で土用の働きは、ピークと変化を交互に繰り返す四季のリズムを形成しているのです。

さて、この四つの土用の中でも、夏の土用は特別な力をもっています。というのも、図ー4のように、冬の五行は水であり、秋の五行である金とは相生の関係であり、同時に春の五行である木とも相生の関係であります。また、夏の五行は火であり、従って春は夏とも相生の関係になっております。ところが、夏の五行である火は、秋の五行である金とは火剋金で相剋となっているのです。つまり、夏と秋の間以外は、いずれも相生の作用によって季節がスムーズに移行しますが、夏の五行である火と秋の五行である金は相剋の関係であり、このため、中央の土星の力を借りて、火生土、土生金となり、これではじめて夏から秋へと季節が転換できるのです。このように夏の土用には、実は中央の五黄土星の力が強く働いているのです。しかも、坤方位が鬼門の対極であるところから、鬼門と表裏の関係で裏鬼門が恐れられるようになったわけです。暑さの強い夏の土用の時期に、体力の衰えを補うためとしてウナギを食べる習慣も、その背後には破壊・創造という非常に強い夏の土用が、鬼門と並んで恐れられる裏鬼門の方位にあたることと結びついているのではないでしょうか。

以上、土用を手がかりに従来「裏鬼門」が鬼門とならんで、恐れられてきた背景について見てきました。気学では坤（裏鬼門）は家相上、妻の座とされ、この箇所の「空き」「欠

図－3　十二支の対沖

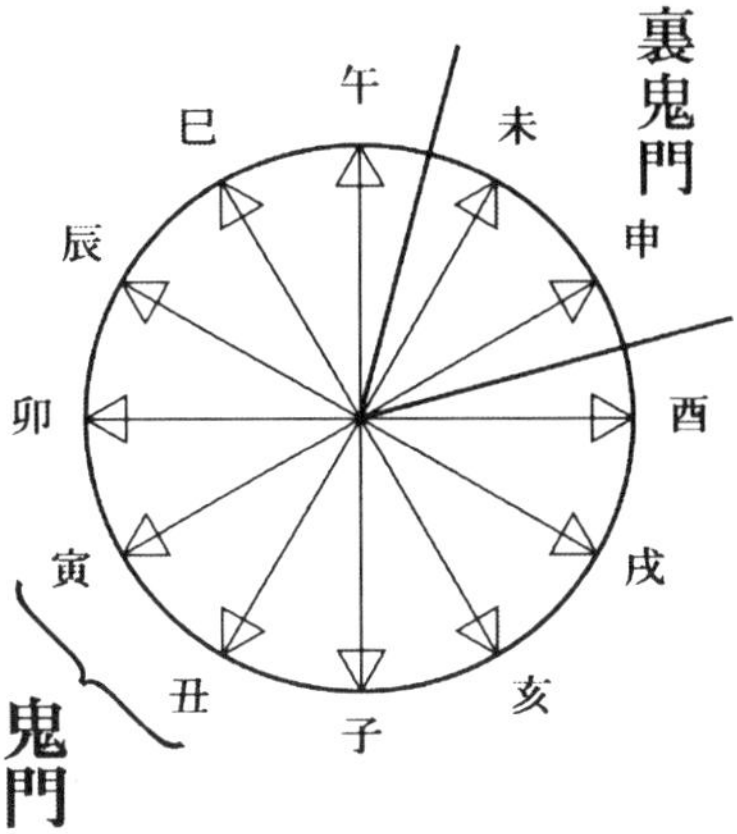

図－4

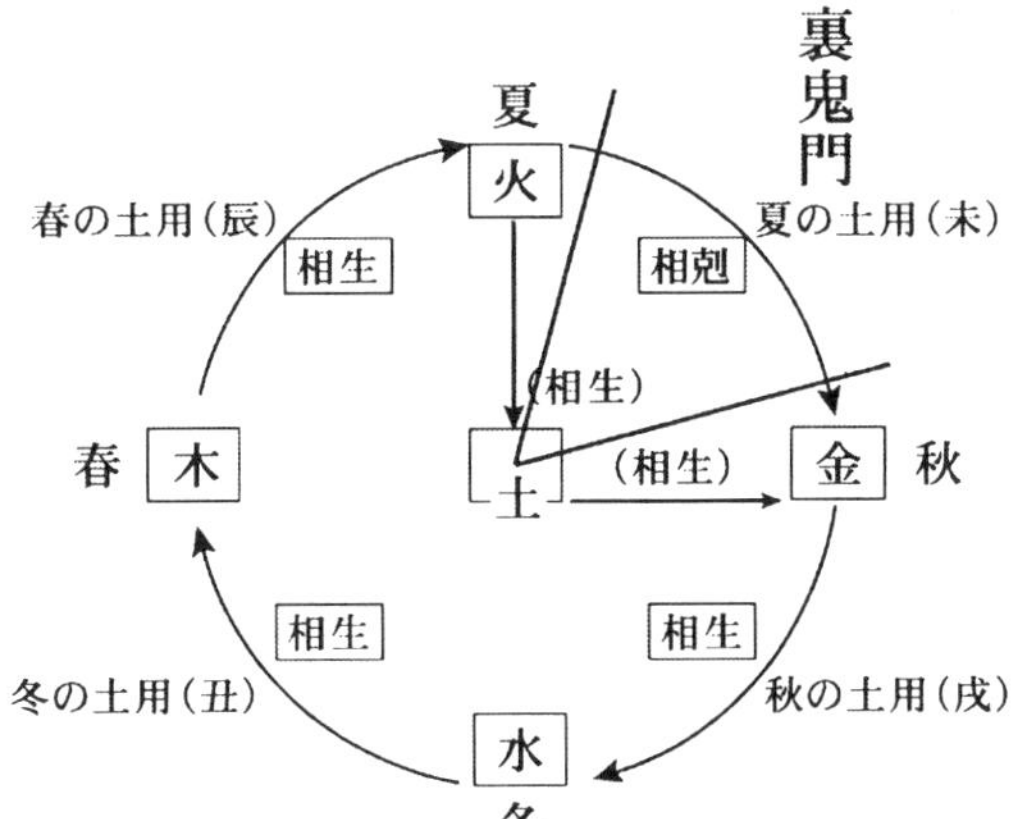

け」「張りすぎ」などは、その他の方位と同じく凶とされますが、しかし、艮方位（鬼門）ほど、ことさらに特別視することはありません。

以上「鬼門」「裏鬼門」という言葉の意味を、気学の立場から説明してきました。その結果、私たちにとって何か近寄りがたい「鬼門」「裏鬼門」という方位も、五行の相生・相剋や、五黄土星の作用が四季に表れた土の作用から説明できることが理解できたと思います。

［3］三合と胎気の論

天の気が大地の気と融合する際、十二支のうち三つの支が生（生む）・旺（盛んになる）・墓（結実する）の三つの関係を構成して、常に気を生々とさせると考えられており、この三つの十二支のグループを三合といいます（表Ⅰ-1参照）。言い換えれば、生旺墓というプロセスを経ることによって、気は最もその本領を発揮すると考えられ、人間もまた三合を応用してそれぞれの気の働きを実現させることができるとされるのです。

表—1

	〔生〕	〔旺〕	〔墓〕	
火局三合‥	寅	午	戌	火気は寅の方位に生じ、午の方位にて旺盛になり、戌の方位において結実し終結する。
木局三合‥	亥	卯	未	木気は亥の方位に生じ、卯の方位にて旺盛になり、未の方位において結実し終結する。
水局三合‥	申	子	辰	水気は申の方位に生じ、子の方位にて旺盛になり、辰の方位において結実し終結する。
金局三合‥	巳	酉	丑	金気は巳の方位に生じ、酉の方位にて旺盛になり、丑の方位において結実し終結する。

この三合は、月の大吉方である天道方位を決める基礎になっているのです。（天道方位の対極を生気方といい、これも大吉方です）

まず、左に三合五行の図を掲載してみました。

【三合五行の図】

ここから、天道の方位が導き出されるのです。

即ち、天のエネルギーによって暖められた地熱によって植物が芽を吹く立春にあたる寅を、まず火気の「生」とします。月は寅月、即ち二月です。ところで火局三合は寅・午・戌ですから、寅に発した火気のエネルギーは、生・旺・墓の理論から、午の方位で最も盛んになり、戌の方位で結実し終結します。つまり、火気の生と墓のエネルギーは、午を焦点として「生」（生まれる）と「墓」（結実・終結する）が成り立っていることがわかります。

ということは寅の二月と戌の十月の気のエネルギーの中心（天道）は、午の方位、南にあることがわかります。同様に木局三合は亥・卯・未の三支から構成されていますので、亥の方位の十一月に木気が生まれ、東の卯（三月）でそのエネルギーが集約され、未の七月に結実し終結するのですから、七月と十一月の天道方位は卯（東）ということになります。さらに水気は申の八月に生まれ、そして子（北）の方位で集約され、辰の方位（四月）で結実終結しますから、そこで四月と八月の天道は、子（北）と定まります。巳・酉・丑の金局三合の場合は、巳（五月）で気が生まれて、酉（西）でエネルギーが集約され、丑（一月）で結実します。従って五月と翌年の一月の天道方位は酉（西）ということになります。以上で、一月、二月、四月、五月、七月、八月、十月、十一月の天道方位がわかりました。では、三月、六月、九月、十二月の天道方位はどうなるのでしょうか。

この問題を解く鍵は生・旺・墓の三合のうち、墓（気が結実終結する方位）の役割をどう理解するかにかかっています。「墓」とは気が死滅する方位を意味するのではなく、さきほどから述べているように、気の働きが結実し、終結する方位です。このような墓の意味を正しく理解すれば、例えば、亥・卯・未の木局三合の場合、墓（未）の方位が卯（三月）の結実終結する方位ということで、三月の天道方位は、坤（未申・南西）ということになります。同様に、六月は寅・午・戌の火局三合のうち、墓の方位（戌）が火（午）のエネルギーの結実する方位ですから、六月の天道は乾（戌亥・西北）ということになります。続いて九月の天道方位は、巳・酉・丑の金局三合のうち、酉の九月は丑の方位が墓の方位になりますから、艮（丑寅・北東）ということになり、子の十二月の三合は申・子・辰の水局三合ですから、その墓は辰の方位、つまり巽（辰巳・南東）ということになります。

これで十二ヶ月の天道方位のきまり方が理解できたと思います。いうまでもないことですが、未、戌、寅、辰の三合の墓の方位をそれぞれ坤・乾・艮・巽としているのは、気学での方位は八方位であり、従って四隅には十二支の二つが配当されるからなのです。

ここまで、月の大吉方である天道方位の根拠について述べてきましたが、次にもうひとつのテーマである「胎気」についてお話ししましょう。

「胎気」とは文字通り「気を生む・作る」ことです。この胎気の理論を理解するには、これまで話してきた天道と三合の関わりについて理解しておくことが必要です。例えば火局三合は、寅・午・戌でしたが、墓は戌でした。ところで戌を月に配当すると十月で、十月は土用のある月です。ということは戌で結実した火局三合の気は、戌月のこの土用の土のエネルギーによって結実終結し、それと同時に次の十二支、即ち亥の木気へと転換し再生するのです。つまり、亥（生）・卯（旺）・未（墓）の亥となり、あらたに木局三合の生（亥）の気へと再生するのです。また、この木局三合の墓である未も、同じく土用の月、七月ですから土の働きの激しい月です。ここで、木気が結実終結して、新たに申へ転換、再生して申・子・辰の水局三合の気を生むのです。こうして水局三合が成立し、水局の墓、辰も四月ですから土用月であり、土のエネルギーによって巳へ転換・再生し、金局三合の巳・酉・丑の気が生まれるのです。そして墓の丑月も一月でやはり土用月ですから、ここで土の作用が行われ、寅の方位において寅・午・戌の火局三合の生の気が作り出され、こうして気がとぎれることなく各局を循環していくのです。

このように、火局三合の墓である戌から、木局三合の亥がつくりだされ、木局三合の墓である未から水局三合の申が作り出され、水局三合の墓である辰から金局三合の巳の気が作り出され、金局三合の墓、丑から再び火局三合の寅の気が生み出されること、このような「生々たる働きをする気を繰り返し創り出すこと」をここでは「胎気」と呼ぶことにします。この胎気は重要な土の働きであって、これが働くことによって三合が絶え間なく継続するのであり、その結果、気が絶えることなく生死を繰り返して常に新鮮であり続けることが出来るのです。

なお、前掲の図で「三合五行の図」とされながら土局三合がないということについて、従来の気学では、ほとんど解説がなされておりませんが、すでに述べてきたように胎気の作用の主体が土用としての土であり、この意味で『三合五行の図』というように、土を含めて「五行」とされ、土もまた重要な要因になっているのです。

以上、三合と天道方位との関係、そして、その根底にある「胎気」というきわめて重要な理論についてみてきました。胎気については、機会があれば再度論じてみることにしたいと思います。

［4］運気の盛衰について

気学では、人間の運気は九年の周期で盛運と衰運とを繰り返すと考えられています。また、盛運期にも衰運期にも、それぞれその程度に段階があり、それは図−1のようになっていて、その段階を盛運期を「＋」で数値化し、衰運期を「−」で数値化した簡略図が図−2です。

図−1　運気の盛衰一覧表

盛旺	衰旺	盛初
盛進	盛極	衰沈
衰変	衰極	衰初

図−2　盛衰段階簡略表

＋3	−4	＋1
＋2	＋4	−2
−3	−5	−1

図ー3　平成二十年（子一白水星）の年盤

図ー4　後天定位盤

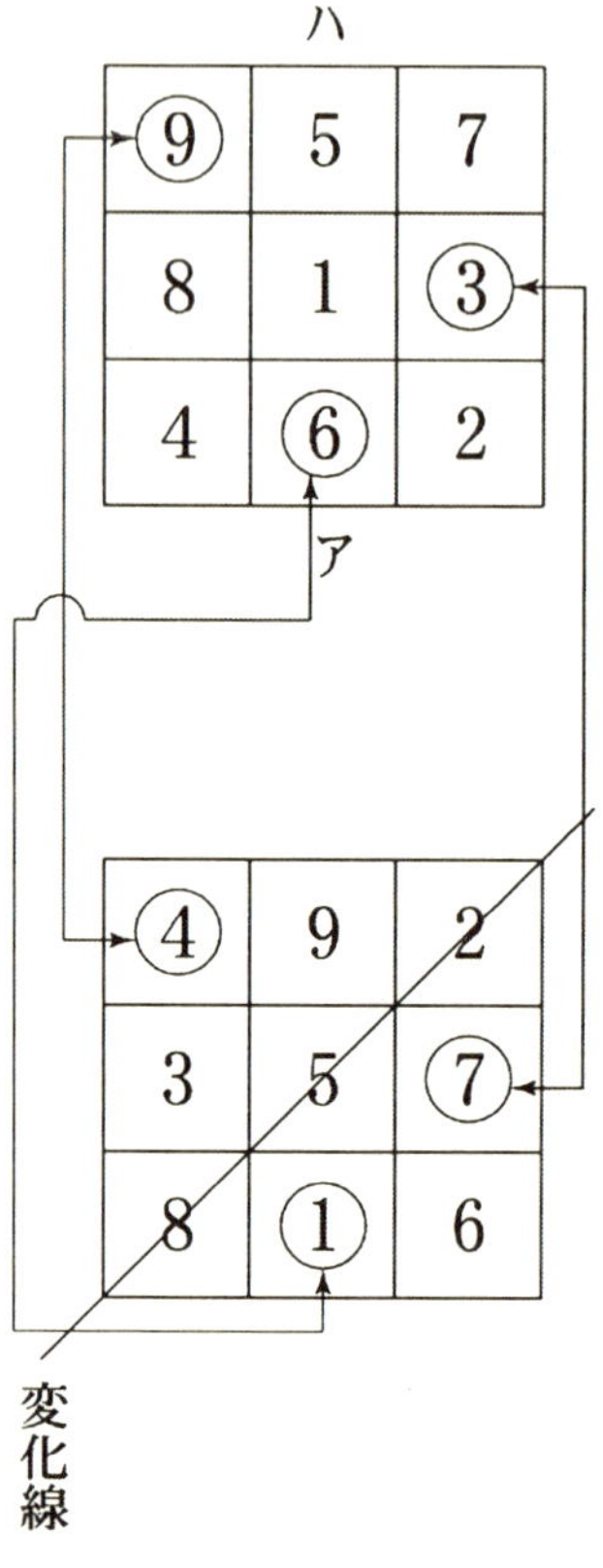

実際にはこれを年盤上の本命星と同会させて、その年のその人の運気を判断するのです。図ー3のように、例えば、本命星が三碧木星の人の平成二十年の運気は、西に回座し、衰沈と同会していますから、衰運第二期にあたり、よい運気とは言えない年と判断されます。逆に本命星が九紫火星の人は巽の盛旺に同会していますから、順風な運気にのっていると

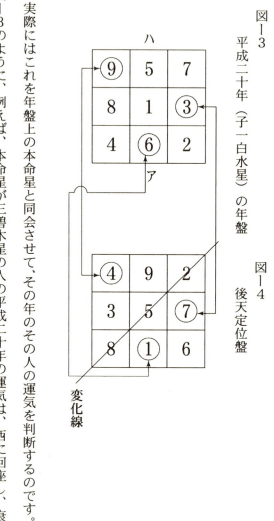

いえます。さらに本命星が六白金星の人は、北に回座して衰極であるうえに、暗剣殺がかかっていますから、健康上は勿論、何事をするにも要注意の一年といえるでしょう。このようにして気学では運気の盛衰を判断することになっております。平成二十年の場合、衰運期に入っている本命星は二黒土星、三碧木星、四緑木星、五黄土星、六白金星の五種類の本命星の人とされますが、現実生活で五年間もの長い期間にわたって衰運が続くとか、衰運に段階があるという従来の見方は、所謂原則的な理論であって、実際面では種々のバリエーションをつけて判断されています。例えば、一覧表によれば、後天定位の六白金星に同会した場合には、衰運の第一期となりますが、この乾の位置をまだ盛運とする見方や、南の九紫火星に同会する場合は、衰運の第四期とされますが、逆に夏の太陽の熱をいっぱいにあびた盛運期とみる見方もあります。実際生活でも、五年間連続する衰運期というのは理解が難しい点があります。そこでここでは、このような盛衰一覧表よりも、むしろ変化線との同会の有無に注目したいと思います（この点については、【第Ⅱ章［6］運勢鑑定論】も参照してください）。

変化線とは、図—4にあるように後天定位盤の両鬼門と中宮を結ぶ線、即ち二黒土星と五黄土星と八白土星を結んだ線のことです。この変化線というのは、従来「方災の顕現期」を示す座としてのみ考えられ、過去に方災を犯した場合に、その凶作用が現象化するのは、例えばその人の本命星が後天定位盤の二黒土星か、五黄土星か、八白土星に同会した年が多いとされてきたのです。しかし、このほか、実際には、図—1の盛衰一覧表よりも、その人の本命星がこの変化線に同会すると、過去の方災の有無にかかわらず、心身のいずれかが激しく震動させられ、その結果、同会している年かその翌年には人生上の、あるいは、健康上の変化としてあらわれる可能性が高く、それも吉作用よりは凶作用として現象する傾向があるのです。例えば平成二十年に変化線上にある一白水星、四緑木星、七赤金星の人は土気の激しい変化の作用を受け、その結果、凶状態に陥りやすい年とみるべきでしょう。この意味で、運気の盛衰を判断するのに、盛衰一覧表のほかに、変化線との同会をあわせて見るのは、ひとつの有力な見方であると思います。但し、後天定位盤の北は衰運の極とされており、本命星が北に回座した場合は事業上の支障、健康上の問題（すでに病を得ている場合や高齢者は死亡する可能性あり）、計画の挫折などの現象に見舞われることが多いと判断できます。

以上のほかに、注目すべきなのは西、即ち後天定位盤の七赤金星との同会です。後天定位盤の西は易でいう「兌」の位置です。従来七赤金星「兌」は、その象意として「収穫」「金銭」「悦び」「祝宴」「酒食」「趣味」「道楽」「悦楽」「恋愛」などが好んでいわれています。しかし他方「兌」は「鋭」「脱」に通じ、「鋭」は七赤金星の凶方を使った場合、七赤金星―加工された金属―メスというところから「手術をする」という象意があることはよく言われるのですが、実は、意外にも「脱」から「身につけているものをすべてはぎ取られる」という、あまりありがたくない現象が起きやすいのです。脱税や金銭がらみで摘発や告訴されたり、あるいは西の回座で病没したりしやすいことを付け加えておきたいと思います。（【第Ⅰ章［7］七赤金星の秘密】を参照して下さい）。

なお、凶星がついている場合の判断ですが、例えば、平成十九年は一白水星には歳破が、八白土星には暗剣殺がついています。本来、一白水星は巽の盛旺（＋3）にあり、八白土星は坤の盛初（＋1）にあるのですが、歳破や暗剣殺という凶星は方位の吉凶の判断だけに関わるのではなく、運気にも負の影響を与えるとみるのが妥当です。従って、盛運期であっても手放しで「何をしてもうまくいく時期」という判断は甘いといえるでしょう。むしろ、負の要素が多くアドバイスする場合には、注意をすることを必ず付け加えることです。

さて最後に図―1のような盛衰一覧表で表される盛運衰運の移動は、九星の順行をなぞっただけのものであるため、非常に複雑な表でした。そこでこの機会に図―5のような図を紹介しておきたいと思います。

図―5

［運気盛衰円環図］

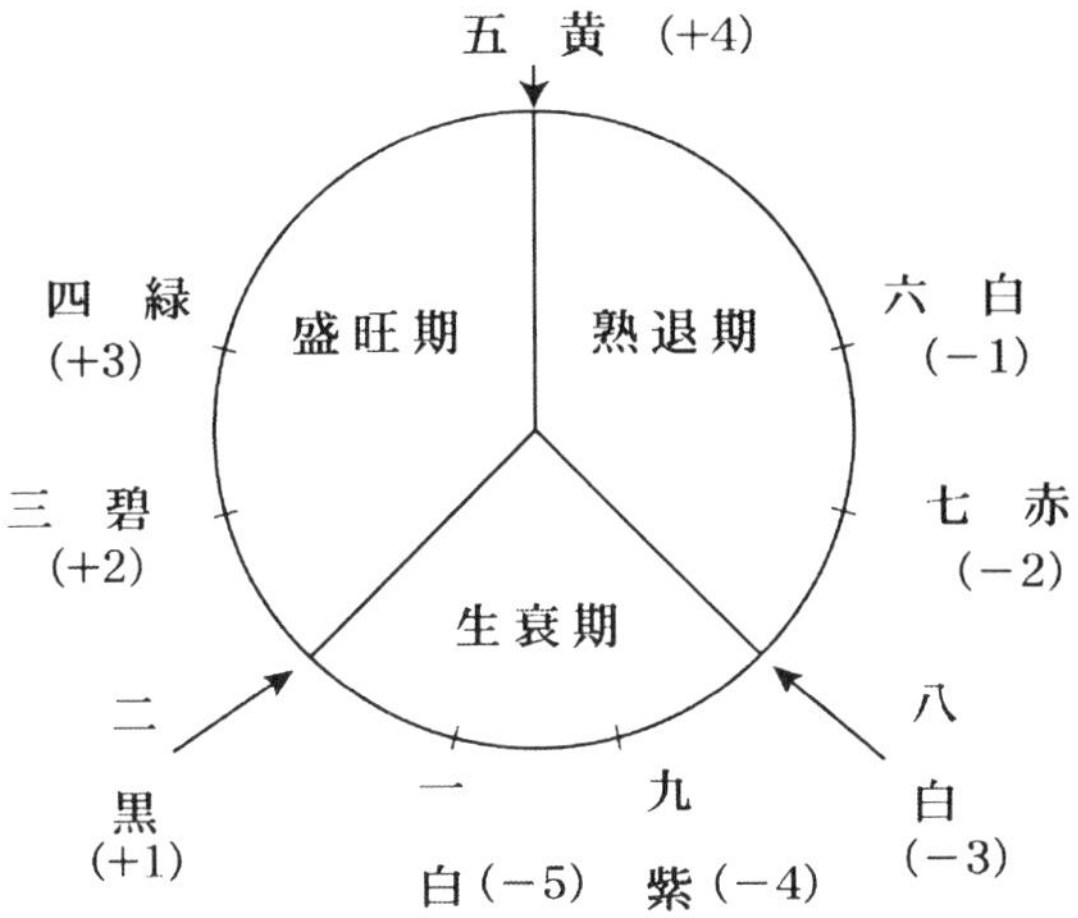

この図の解釈ですが、まず、この円環図は、一年間の植物の生涯や季節の移行をあらわしているのではなく、「生衰期」「盛旺期」「熟退期」という名称が示すように気の消長をあらわす図だということです。

また、なぜ二黒土星から盛運期（＋）がはじまるかというと、図からわかるように二黒土星、五黄土星、八白土星が分岐線になっていますが、そのうち二黒土星の位置だけが、気が成長する領域の分岐線になっているからなのです。

また、一白と九紫が生衰期にはいっているのは、一白は北に位置し、陰気が発生する時点、また、九紫は、陽気が最小になりつつ終了する時点であるところから、気の生・衰の領域に一白水星と九紫火星が該当しているのです。また五黄土星は盛旺期から熟退期への節目の頂点に位置しているところから、盛運期の最高潮とされるのです。

さらに、二黒土星、五黄土星、八白土星はすべての気の消長の節目に位置しており、図I－4の変化線と一致しています。非常に複雑であったこれまでの盛衰一覧表よりも、一白水星から九紫火星までの運気の盛衰の順序や段階が、この図によってわかりやすく理解することができるのではないかと思います。

以上これまでほとんど触れられてこなかった盛衰一覧表の見方と新しい視点からの運気盛衰円環図を紹介してきました。

［5］天と大地と気学の話

気学の源流である易によれば、気がいまだ陰陽に別れる前の状態を太極とよび、この太極から陰陽の二気が分離し交流することによって、天地万物が生まれます。具体的には天の気（陽気）が下降し、地の気（陰気）が上昇し、この陰陽二気が交わって人間をはじめ万物が生まれるわけです。しかも、当時の人は、天の形を円、地の形を四角（方）と考えていたのです。古代中国で、人間が現実世界の成り立ちをこのように深く理解していたことは驚きとしか言いようがありません。そしてこの考え方は現代の私たちの生活の中に見ることが出来るのです。

まず、身近な例では、私達日本人の国技があります。相撲の土俵というものは、図—1のように、基礎になる正方形の部分と円の俵（たわら）からできています。しかも先程ふれましたように、円形は天を、四角は大地を意味していますから、この組合せでできてい

図－1

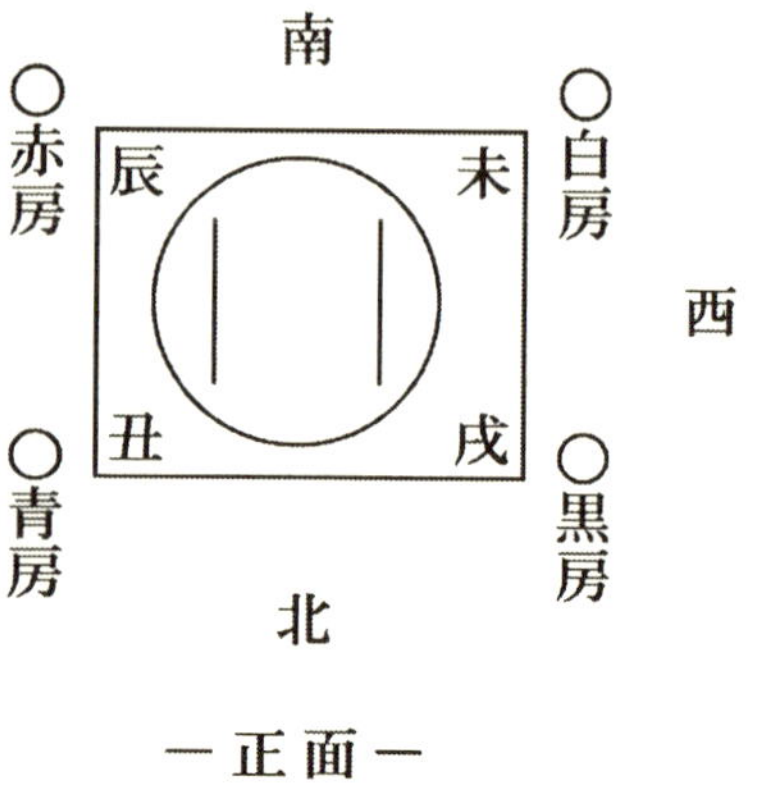

る土俵に力士が立つと言うことは、天と大地の間に力士が立つということで、天の気と地の気が交流するところに人（力士）がいることになります。

ほかの格闘技ではリングはほとんどは四角形であって円形ではありません。その中にあって相撲の土俵は四角と円の組合せから出来ているのです。

また、力士が仕切の度に塩を土俵に撒きますが、本来この儀式は、土俵の四隅に位置する丑・辰・未・戌という土用の殺気をふくむ方位に塩を蒔くことによって殺気を清める意味と解釈する説があります。つまり、立ち会いまでの間に、殺気を清め生々とした気のみなぎるなかで、存分に実力を発揮できるための準備をしているわけです。こうしてみると、日本の国技である相撲は、まさに格闘技であると同時に、天地の気の哲学に基づいた神儀でもあることがわかります。また、土俵の上の四隅には青房・赤房・白房・黒房がさがっていますが、これは東＝青、南＝赤、西＝白、北＝黒という中国古代の四神相応の説の色を踏襲していると言われています。

以上、相撲と気学の関係についてふれてきましたが、天地の気の交流という思想を見事に実現しているのが、奈良飛鳥の地にある仁徳天皇陵といわれている遺跡です。これは現在のところ仁徳天皇の陵とは学問的に確認されていないので、ここでは「伝仁徳天皇陵」と表記します。さて、この伝仁徳天皇陵も、天と地の気の流れを忠実に再現した陵なのです。図―2にその概形と方位を記しました。前方後円墳というのは、前「方」後「円」墳という言葉通り、四角形と円形がつながった墳墓です。つまり、前方後円墳に祀られている仁徳天皇とされている豪族は、まさしく永遠に天と大地を形どった墳墓に抱かれて祀られているというわけです。このことは、今から千五百年以上も前の我が国で、いかに人々が天地の理を正しく理解していたかを物語っていると言えるでしょう。

図ー２
伝仁徳天皇陵

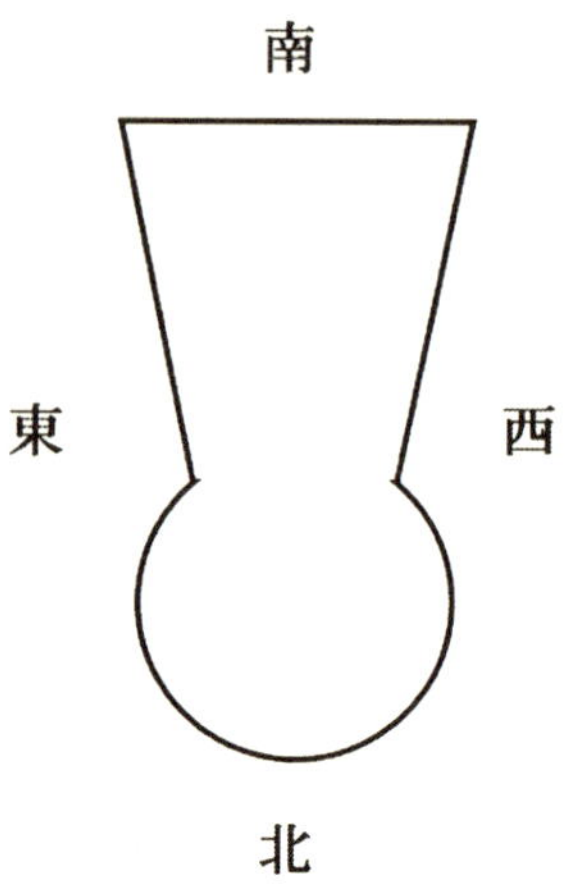

図ー３
先天定位盤

南

	七	六	四	
東	九		一	西
	三	二	八	

北

ところで自然の本来のあり方を示している気学の先天定位盤では、図ー３のように、天（六白金星）は南、地（二黒土星）は北に位置しています。ところが、伝仁徳天皇陵の場合には、図−2からもわかりますように、天（円形）が北、地（四角）が南となり、先天定位盤と逆転しています。これは何故でしょうか。実は、気の流れからすればこれで正しいのです。というのも、先天定位盤の天（六白金星）と地（二黒土星）の座は、「天、地の本来の定位置」を示しているのに対して、前方後円墳では、「天と地の気の流れ」、即ち、天（南）の気が北（地）をめざして下降し、地（北）の気が南（天）をめざして上昇し、その過程で天地二気が互いに交流する現象を示しているのです。そして、このような天地二気のダイナミックな力による交流によって、森羅万象が生まれるのです。このような天地の二気の交わる動きを暗示するために、地の気（陰の気）を意味する方形が南に、天の気（陽の気）を意味する円形が北になっていると想像できるのです。このように、伝仁徳天皇陵の前方後円墳の形状は、万物生成のプロセスを示すものと捉えることによって、先天定位盤の南（天＝六白金星）と北（地＝二黒土星）、そして前方後円墳の形状との関係に、気の力の壮大なロマンを読み取ることが出来るでしょう。私達は何の気なしに「前方後円墳」とよんでいますが、その背後には、天地の気についてのこのような深い知識が隠されているのでは?というロマンを抱かせるのです。

このようなことは海外でもその例を見ることが出来ます。まず、興味深い例として大韓民国の国旗があります。図ー4は大韓民国の国旗の図ですが、実際の旗はカラーですので、旗の中央半円のうち、上半分が赤色、下半分が青色になっていて、これは陰陽渾然としている易の太極を表しています。また、その円の四隅には、それぞれ易の卦象が、四つ描かれています。

図ー4

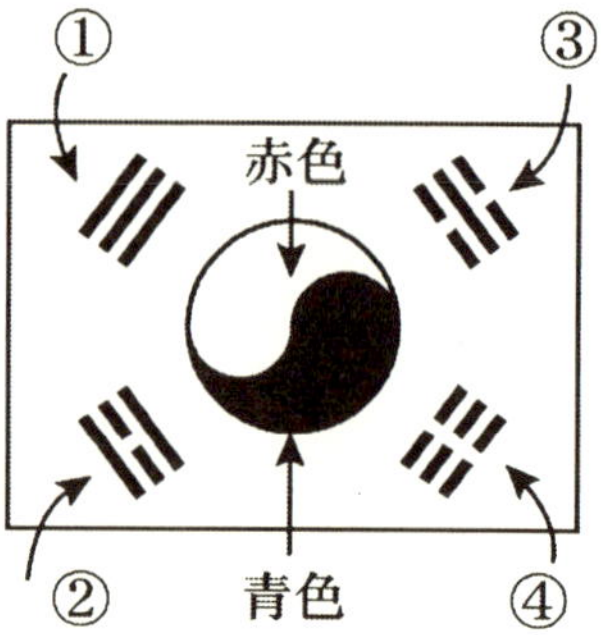

ここで興味深いのはこの卦象で、①は乾の卦象で天を表し、②は離の卦象で光を表しています。つまり太陽の光(エネルギー)が下降していることを表し、他方③は坎の卦象で水を表し、④は坤の卦象で地を表していますから、大地の気(エネルギー)が水蒸

気となって上昇することを示しているのです。しかも、①の乾の卦象（天）と④の坤の卦象（地）そして②の離の卦象（火）と③の坎（水）の卦象は、それぞれ太極を挟んで対の関係にデザインされているのです。このように、韓国の国旗は、天地生成についての易の哲学をシンボリックに描いた、世界にも希な哲学的な国旗といえるでしょう。

次に目を韓国からエジプトに移し、ピラミッドについて気学を学ぶ者の立場から少しお話しをしたいと思います。ご存じのようにピラミッドは古代エジプトの王の墓であり、なかでもカイロ近郊の町ギザにある三大ピラミッドは、もっとも有名です。さて、気学の立場から興味をひくのは、ピラミッドの独特の形です。図1－5にあるように王の墓であるピラミッドの独特の形は、一点（太陽）から発せられる光線が地上に向かって四方に広がっていく様子を表わしたものであり、これは混沌の状態から太陽によって万物が生み出されると考えていた古代エジプト人の世界観を表したものと解釈されています。次に図1－6のように、この三大ピラミッドの位置が、北東～南西に並んでいるという点です。これは、

図—5

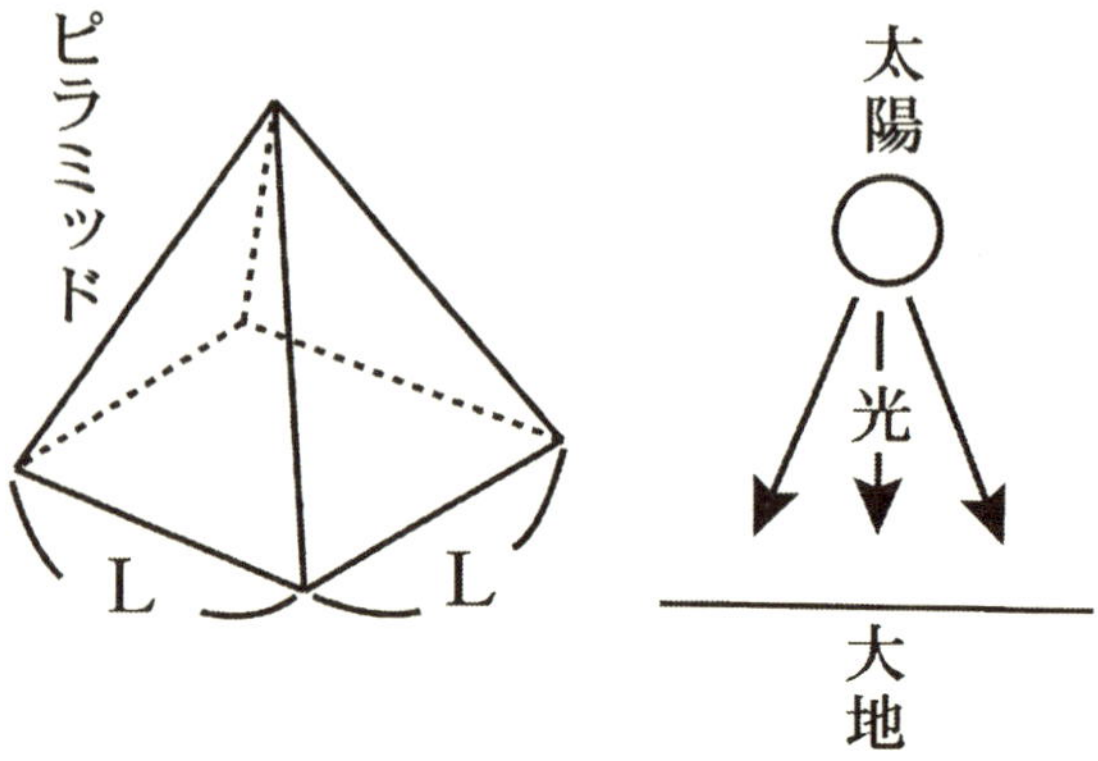

図—6

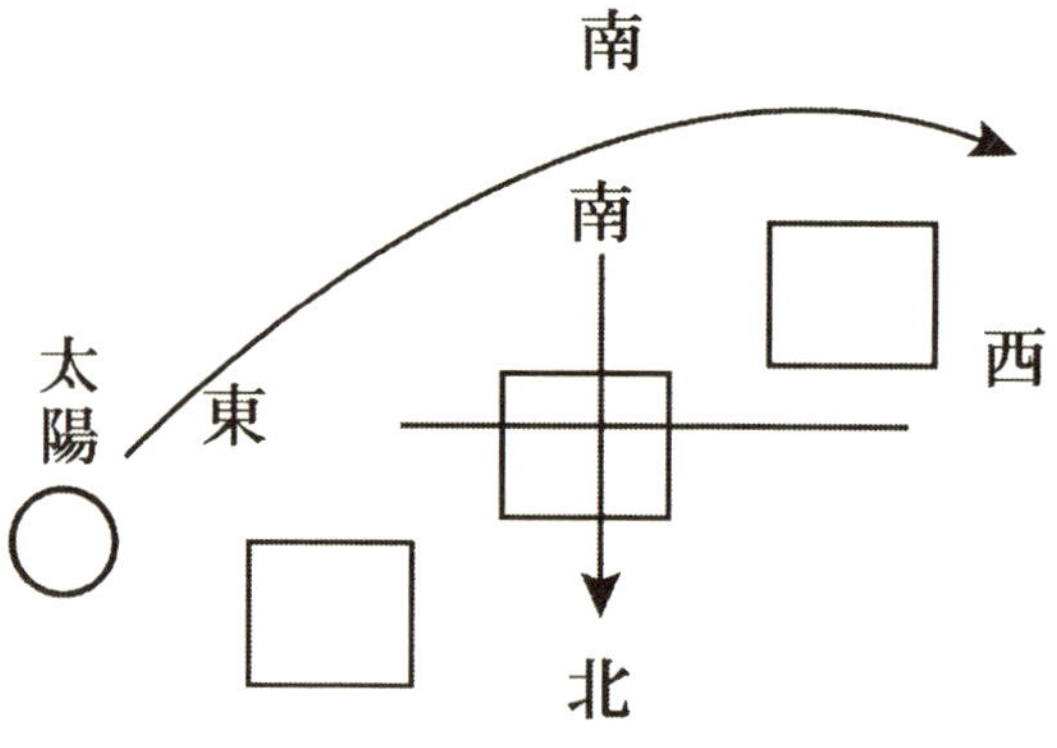

互いに太陽の光線を遮ることがないようにするためと解釈されていますが、これは偶然にも、気学の後天定位盤（二黒・五黄・八白）の変化線と同じ位置であるということです。

第三に天文学者ピアッジ・スミスによると、ピラミッドの底辺（L）の四つの長さの合計は、３６５２３．５ピラミッドインチであり、これはほぼ一年の日数を百倍した値に合致するということです。このほかにも彼はピラミッドの各部分の寸法が地球を構成するいろいろな数値と密接な関係があること、あるいは天文学とも深い関係があることを発見したのです。太陽の光が直接大地にとどく所、即ち天と地の接点にこのような特徴をもつピラミッドが王の墓として造られたことは、興味深いことと言えるでしょう。

以上、世界の七不思議のひとつと言われるピラミッドについてふれてきましたが、勿論、これらについてはその他にも種々の研究があります。しかし、いずれにせよ東洋であれ西洋であれ、いかに人間と天地自然とが直接向かい合っていたかを教えられます。ただ、古代のエジプトでは気という考えが発達しなかったために、天と大地に包まれた人間の運命論までは発展しませんでした。私達祖先の人々は天と大地にかこまれて自然と直接向かい合い、常に自然を見つめ、自然の動きが人間の吉凶禍福にどのような影響や作用を及ぼすかについて考えてきました。このことは現代の私達の場合も少しも変わっていません。ただ、違うとすれば、文明というものが私達人間と自然との間に介在し、そのために、私達が自然界と直接向かい合い、自然の息づかいを敏感に感じることができなくなってしまったことではないでしょうか。現代の文明社会においても、地震や台風などの災害を恐れ、その影響をまともに受けることは、実際は昔と変わりないのが実状でしょう。また、生老病死や吉凶禍福の原理も全く変わっていないのです。ということは、たとえ文明が発達した現代に生きる私達でも、依然として天地自然の氣の流れのなかで生きているということになるでしょう。

（注）相撲と中国古代思想との関係については従来諸氏が言及しており、例えば、（財団

法人）日本相撲協会監修の『相撲大事典』でもほぼ同様の説明をしております。伝仁徳天皇陵については、筆者が知る限り、長原芳郎氏の著『陰陽道』（東洋書院昭和六十一年発行）一四八頁で触れられており、また、韓国の国旗については、長武寛氏がその著『象学・運命の構造』（平河出版社　昭和六十二年発行）の一七五頁で触れられております。なお、ピラミッドについては、長原芳郎氏の前掲書一五一頁でも言及されていますが、本稿とは視点が異なるように思います。

［6］運勢鑑定論 ―同会法と傾斜法―

気学鑑定法の代表的なものは、同会法であるといえるでしょう。とくに運勢を読み解く場合には、同会法が使われます。例えば、一年間の運勢を鑑定する場合を例にとります。まず、図―1のように後天定位盤とその年（ここでは平成十九年を例にとります）の年盤を手元に用意します。

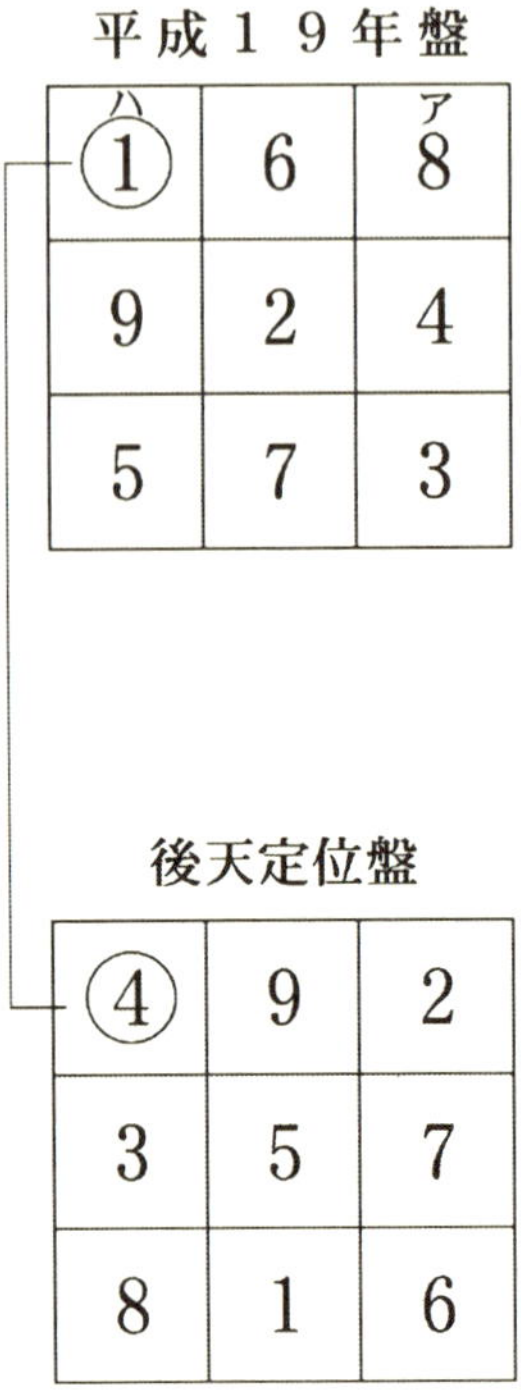

図―1　同会法

では、具体的にみていきましょう。例えば、本命星が一白水星の人の平成十九年の運勢をみる場合、年盤を後天定位盤の上に重ねます。すると一白水星は後天定位盤の巽で四緑木星と重なります。ところで巽は、盛衰一覧表では盛運の第三期ですから、大変順調な時期に入っており、だれでも積極的に打って出ても「吉」とされる位置です。事業者なら新しい企画や店舗の増加が順調に展開できる年、政治家や官僚はもちろん、会社員などの組織人なら順調な出世や実績をあげることができる年、作家や芸術家などの自由業なら満足する作品が順調に仕上がる年とみるのが通例です。恋愛や縁談も支障なくまとまるでしょう。とりあえず、このように、その人の本命星が後天定位盤に乗る星の位置が盛運期か衰運期を確認し、さらに重なっている（乗っている）星（この場合は四緑木星）の気の働きが一白水星の人の運勢に作用すると見るのが、同会法鑑定の基礎です。但し、このような同会法だけでは、その年の運気に吉凶を判断するのは、安易過ぎるといえます。

例えば、一白水星には「八」（歳破）がついていますが、「八」は凶方位であるだけでなく、一白水星の人の運気にも影響を与えているのです。従って、昨年、本命星が一白水星の人は手放しで盛運とは言えず、気を緩めると信用問題やゴタゴタに巻き込まれたり、一白水星の象意から、隠し事をするようになったり、水や部下、下腹部の病気等々で苦労するという暗示があると見るべきでしょう。

以上、一白水星の平成十九年の運勢を同会法で見てきましたが、昨年、閣僚（部下）の失言が重なり、参議院選挙で大きく敗北し、その後体調を崩して突然辞任した安倍首相や、事務所の経理上の不備について国会答弁で水の話で物議をかもし、最後は自ら命を絶った松岡農相も、本命星は一白水星でした。

ところで、同会法ほど一般的ではありませんが被同会法という見方もあります。被同会法については従来あまり触れられていませんので、ここで概略を解説しておきましょう。被同会法とは、文字通り、ちょうど同会法と逆の論理なのです。図Ｉ－２をご覧下さい。

図—2　被同会法

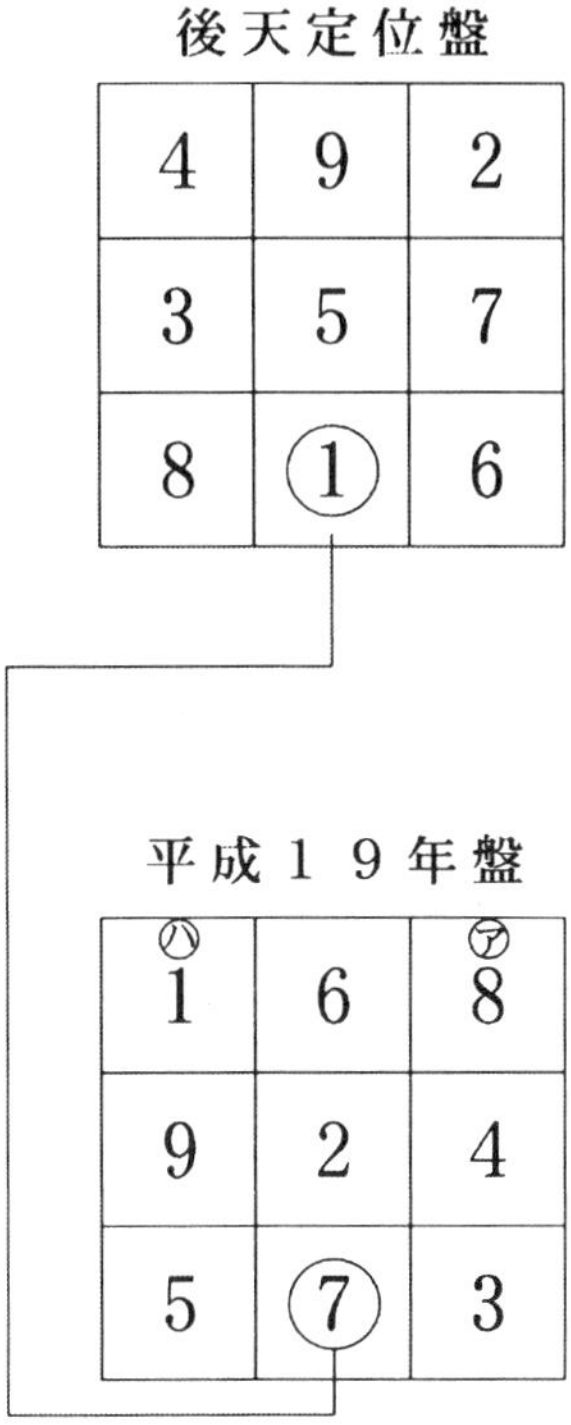

被同会法の場合には、まず、後天定位盤を年盤の上に重ねます。そして、後天定位盤の一白水星の下に年盤のどの星があるか、を見ていくのです。すると、昨年、七赤金星が後天定位の一白水星の上にいることがわかります。つまり本命が一白水星の人は七赤金星の影響をうけるというわけです。要するに、昨年、年盤の一白水星は後天定位の四緑木星の上

に乗っており（同会しており）、同時に後天定位盤の一白水星は年盤の七赤金星の下にある（被同会している）ということになります。しかも、一白水星には歳破がついているという状態でした。ということは、被同会している七赤金星の象意、気のどのような影響を受けるかということですが、すでに【第Ⅰ章［7］七赤金星の秘密】で触れたように、「七赤金星には留意すべき点がある」というのが私の判断でした。「兌」「悦」に通じ楽しいこと、あるいは、現金などの景気のいい事象だけが強調され、もてはやされていますが、「兌」は「脱」に通じ、「すべてを失う」という暗示がありました。もう一例あげますと、本命が三碧木星の人は、同会法では乾（六白金星）に同会して、衰運の第一期であると同時に、被同会法では、年盤では、九紫火星に被同会しています。そこで、六白金星の象意と九紫火星の象意、そして、乾の衰運第一期という判断などがまずポイントとなります。但し、同会の方が、被同会より本命星に与える影響が格段に大きいので、これが被同会法があまり注目されない一因であると思われます。しかし、運勢鑑定であれば、これらをすべて総合的に忖度して、判断する必要があるでしょう。ところで、被同会法鑑定は、月盤の上に年盤を重ねて月の運勢を被同会から見る場合や、日盤のうえに月盤を重ねてその日の運勢をみる場合もあります。しかし、いづれの場合も同会法による判断が優先することにかわりありません。

以上、同会法と被同会法について述べてきました。

次に、傾斜法（傾斜鑑法）について触れておきたいと思います。傾斜法というのは、その人の月命星を中宮に置いて、九星遁行盤を作り、その八方位のうちのひとつの宮に本命星が回座する方位をもって傾斜とするのです。本来は、その人の気質を細かく見ようとする技法として使われています。

例で解説していきましょう。

昭和四十六年六月生まれの人は、本命星が亥二黒土星、月命星が午の七赤金星ということになります。

図－3

傾斜盤

離

6	2	4
5	7	9ア
1	3 ハ	8

そこでまず、七赤金星の月命盤を作ると、図－3のようになります。

この人の本命は二黒土星でしたから、南（離宮）に本命星があり、従ってこの人の傾斜は離宮傾斜とします。ということは、この人の気質を判断するとき、本命の二黒土星、月命の七赤金星に加えて、九紫火星の気質を頭に入れておくことが必要となります。つまりこの人は本命星である二黒土星の気質を主とし、月命星である七赤金星の気質を従として押さえた上で、さらに傾斜である九紫火星の気質も加味して最終的に判断します。

本来これが傾斜法といわれるものです。但し、本命星と月命星とが同一の場合、このような傾斜を特殊傾斜、あるいは中宮傾斜といい、この場合は、傾斜がないのではなく、先

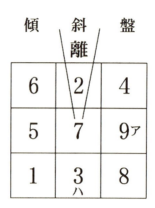

天定位盤に基づく対冲理論から傾斜星を導き出すのです。

【特殊傾斜の場合】

本命星	月命星	傾斜星
一白水星	一白水星	九紫火星
二黒土星	二黒土星	六白金星
三碧木星	三碧木星	四緑木星
四緑木星	四緑木星	三碧木星
五黄土星	五黄土星	男性：七赤金星 女性：六白金星
六白金星	六白金星	二黒土星
七赤金星	七赤金星	八白土星
八白土星	八白土星	七赤金星
九紫火星	九紫火星	一白水星

＊このように五黄土星の特殊傾斜だけは、男女にわかれ、傾斜星も異なります。五黄土星の特殊傾斜については男性を八白土星、女性を二黒土星とする説もありますが、特殊傾斜法の「先天定位盤の対冲をとる」とする理からすれば、やはり男性は七赤金星、女性は六白金星とするのが妥当でしょう。

以上、傾斜法によって気質をみる見方について解説してきましたが、富久純光氏をはじめ気学鑑定家のなかには、この傾斜法を気質を見るだけに止まらず、傾斜盤の八方位に象意を付して、人の宿命運を見る鑑定法としても使っています。そこで次にこの問題について触れてみたいと思います。

図－4に、所謂「傾斜盤」の八方位、つまり八宮の座の象意を簡単に紹介しておきます。このような所謂「傾斜盤」を使って、宿命運の鑑定に応用するわけです。しかし、もし「傾

図ー4

営業 信用	名誉 出世	職業 妻 家庭
才能 創意		金銭 結婚
不動産 子孫 親戚	部下 交際	援助 夫

斜」という表現にこだわるなら、気質は傾斜法でいうことができても、運勢は傾斜とまったく関係がなく、本命星が回座している宮の象意から判断するのですから、ここでは「月命盤鑑定法」と表現したいと思います。（逆に気質をみる「傾斜法」は「月命盤鑑定」のなかにふくまれると理解した方が、わかりやすいのではないかと思います）

さて、まず、月命盤鑑定のポイントを手短に紹介しましょう。

（イ）月命盤を作成します。

（ロ）凶星（ア、ハ）と吉星（天道、生気）を記入します。

（ハ）生月から三合を確認して記入します。

以上が月命盤鑑定の前作業ですが、鑑定家によっては、これ以外の吉神や凶神を多数記入することがありますが、基本的には右記だけで充分です。

ではここで、例をあげて月命盤鑑定の一端をスケッチ風に解説していきましょう。

例えば、昭和四十八年五月生まれの人の宿命運をみてみましょう。

この人の本命星は丑九紫火星　月命星は巳二黒土星ですから月命盤は次のようになります。

月　命　盤

※○印が本命星

	△1	6	8 ア	
東	⑨ 生気	2	△4 天道	西
	△5	7	3 ハ	

※△印が三合

なお、五月生まれですから、天道は西、生気は東につきます。そして月破は乾につきます。また、三合は巳・酉・丑の金局三合ということになり、生・旺・墓のうち、兌宮が旺にあたり、天道と重なります。

ここでは「職業運」「結婚運」「金銭運」などと

立て切りにせず、八宮のうち、吉星、凶星のついている宮と三合に注目してポイントを絞って述べていきましょう。

この人の月命盤は、東の震宮に本命星の九紫火星が回座して後天定位盤の三碧木星に同会しており、しかも吉星である生気がついていますから、生まれつき人一倍才気が活発で頭の回転が速く、ウイットもあり、発明発見に才覚を表したり、音声あるいは、声楽音響関係の分野の才能に恵まれているという暗示があります。また、西の兌宮には四緑木星が回座し、吉星である天道がついていますから、金銭に恵まれ、ほれっぽい気質で恋愛も成就する可能性を備えています。加えて兌宮はこの人の三合である金局三合のうち旺（酉）なので、とくに金銭・経済面での運勢は良好なものをもっているといえます。ただし、親族・相続・不動産の座である艮宮には、五黄土星が回座していますので、波乱の宿命を背負う人生を暗示しているといえるでしょう。また、職業、家庭の座である坤宮には、凶星である暗剣殺がついていますので、職業、あるいは家庭面での苦労の多い人生を送る可能性があります。但し、坤宮に回座している星が努力と意志の星である八白土星ですから、苦難を克服していくことが予想されます。また、後援者運をみる乾宮には、やはり凶星の月破がついています。ということは、事業や仕事をすすめる上で、後援者や上役に恵まれないか、あるいは、三碧木星が回座していますから、わがままな後援者や上役に足をひっぱられる恐れがあります。しかし、出世、名誉の座である離宮に六白金星が回座していますから、かなりの出世や名誉を得ることが期待できます。なお、傾斜法からみれば、この人は本命星の九紫火星が震宮に回座しているため、震宮傾斜となりますから、生来、音感に優れた素質を備えていたり、早くから音楽関係に関心をもつ傾向がみられます。また、話上手で頭の回転もはやく、喜怒哀楽の感情を素直に出すタイプの人です。［因みにこれと同じ月命盤をもつ有名人としては、昭和の大歌手、美空ひばりさん（昭和十二年五月生まれ）がいます。］

以上、気学の代表的な運勢鑑定法である同会法（及び被同会法）と傾斜法について触れてきました。鑑定家のなかには、月命盤に多くの吉神、凶神をつけて鑑定するケースがありますが、基本的には以上のような見方で充分でしょう。「シンプル・イズ・ベスト」という諺がありますが、気学、四柱推命などの運命学には種々の吉神、凶神があり、なかには俗説から発しているものや、後人によって付加されたものなどがあり、これらに惑わされて迷路に入らないよう注意を必要とするところです。

人間には個人差が必ずあるもので、本命星や月命星が同じでも、だからといってその人たちが同一の価値観や行動、感情を示すわけではないことはいうまでもありません。この個人差、いってみれば図画工作の「ノリシロ」の部分をどう判断し評価するかに鑑定家の力量がかかってくるのです。運命鑑定論は所謂「骨太の理論」でいいのであって、あとは、鑑定家の経験と見識で切り込むことになるわけです。ここに鑑定家としての覚悟が求められるのです。

コラム

小児殺方位の仕組みについて

気学には五大凶殺といって、暗剣殺、五黄殺、破、本命殺、本命的殺（的殺）があります。しかし、そのほかに、十歳位までの小児にのみ適用される凶方があり、それを小児殺（小月建方ともいう）といいます。小児に対して旅行、移転、入院などにこの方位を使うと、小児殺という凶方を犯すことになり、重病や重大事故に遭遇する危険性があるとされています。

では小児殺の方位はどのようにして、きめられるのでしょうか?文章で定義すると「その年の十二支に対して定められている九星が月盤上に回座する方位」ということになります。通常は次のように表記されています。

小児殺方位

年の十二支	子・寅・辰・午・申・戌	丑・卯・巳・未・酉・亥
二月	中央	南
三月	乾	北
四月	西	坤
五月	艮	東
六月	南	巽
七月	北	中央
八月	坤	乾
九月	東	西
十月	巽	艮
十一月	中央	南
十二月	乾	北
一月	西	坤

これが通常知られている小児殺方位表ですが、ここでは図と表で小児殺方位の決め方をわかりやすくあらわしてみましょう。

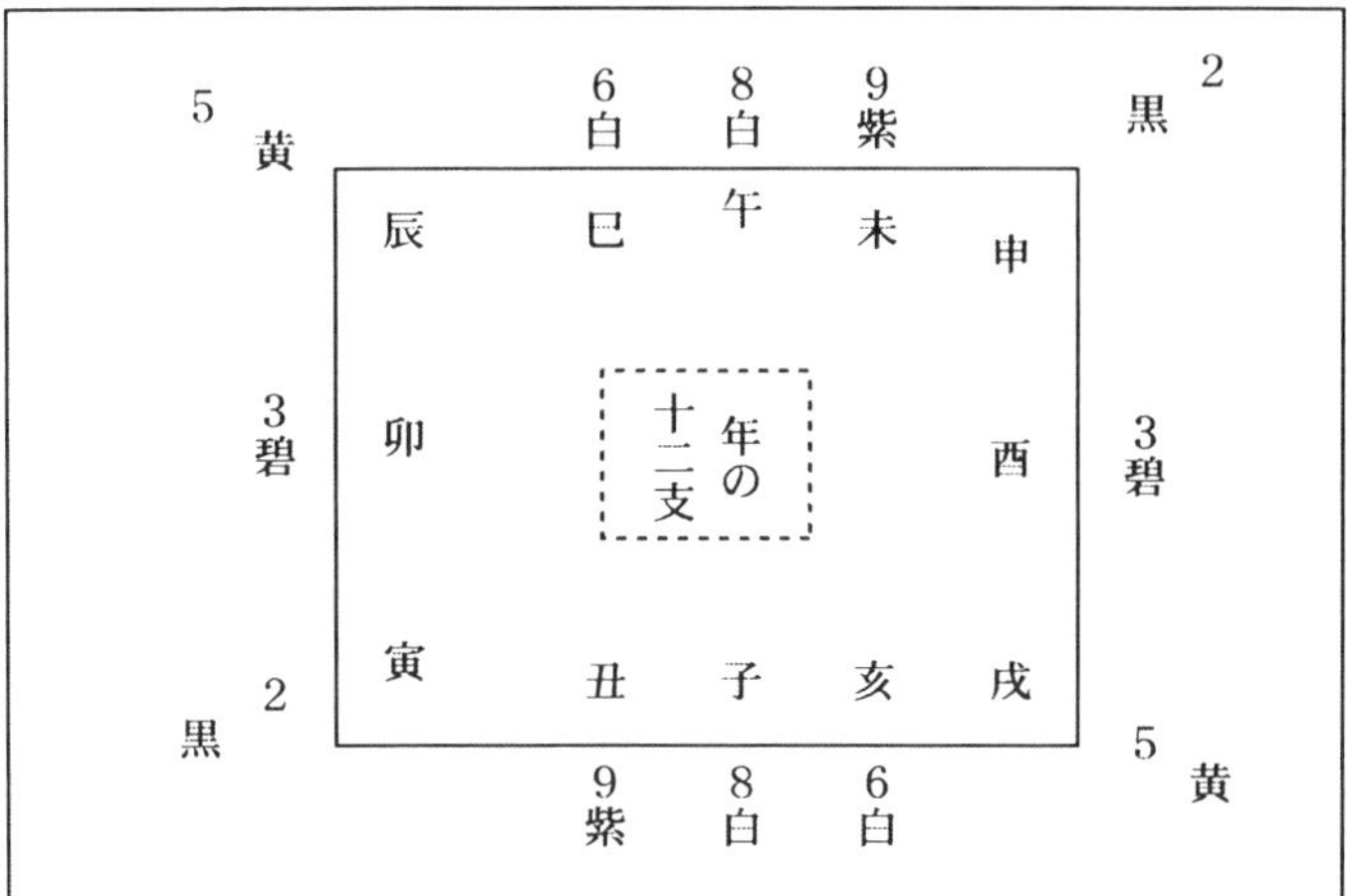

小児殺方位を示す月盤上の九星

［小児殺方位の一覧表］

★子午の年は毎月八白土星の方位
★丑未の年は毎月九紫火星の方位
★寅申の年は毎月二黒土星の方位
★卯酉の年は毎月三碧木星の方位
★辰戌の年は毎月五黄土星の方位
★巳亥の年は毎月六白金星の方位

例えば、平成二十年の十二支は、「子」ですから、毎月の月盤で八白土星が回座する方位が小児殺方位ということになります。

具体的には、二月の月盤で八白土星は中宮ですから、この月の小児殺は中宮であり、従って小児のいる家は自宅の増改築はできません。小児殺を犯すことになるからです。また、三月は月盤で八白土星は乾（西北）に回座していますから、自宅から西北の方位が小児殺ということになります。

このように、小児殺というのは、年の十二支と月の九星との組み合わせで決まるものですから、ときおり勘違いしてしまいがちになるのです。

そこで次に（小児殺についての）いくつかの疑問を考えてみましょう。

（1）なぜ、小児殺方位を示す九星には一白水星、四緑木星、七赤金星がないのでしょうか？

まず、三碧木星、六白金星、九紫火星の星は天の気のシンボルであり、二黒土

二　月

7	3	5
6	[8]	1
2	4	9

三　月

6	2	4
5	7	9
1	3	[8]

乾

□印が小児殺方位

星、五黄土星、八白土星の星は地の気の、そして一白水星、四緑木星、七赤金星は人の気のシンボルであるということです。ところで小児は身体（地の気）はすでにそなわっていますが、精神・情緒（人の気）は、未だ不十分です。従って、人の情を代表する星である一白水星、四緑木星、七赤金星は配当されていないのです。

（2）では、なぜ、小児殺方位を求めるのに、年盤ではなく月盤をもちいるのでしょうか？

それは何故かというと、小児の体は成人に比べて未だ未成熟であり、気温を始め季節の影響を受けやすいために、星の動きが細やかな月盤を基本に方位を決めるのです。

（3）どのようにして年の十二支と九星との関連づけられているのでしょうか？

寅は一年の初めである「立春」を含む二月の十二支であるために、まず、寅に二黒土星を配してのち、一白水星、四緑木星、七赤金星を除いて右回りに順次九星が配当されているのです。

以上、小児殺の方位の配置とその背景について述べてきましたが、小児は基礎体力が弱く、運気も未だしっかりと定まっていないので、たとえ小児殺が五大凶殺に入ってなくとも、小児のいる家庭では充分に注意することが必要です。

九星置閏法について

通常「閏」と言えば、四年に一度、二月に閏日をおき、二十九日とすることによって一年を三六六日とし、地球が太陽の周囲を回る天文学上の公転の日数と暦との誤差を調整する「閏年」のことですが、気学にも九星の閏を置くことがあり、これを九星置閏法といいます。

まず、これを理解するには、陰遁期の開始日と陽遁期の開始日の原則について知っておく必要があります。気学では「陰遁開始日は、夏至に最も近い甲子の九紫火星の日とする」とされ、「陽遁開始日は冬至に最も近い甲子の一白水星の日とする」とされています。しかし、甲子の日は六十日に一度しか来ませんし、九星の一白水星にしても九紫火星にしても、こちらは、九日に一度しか来ません。

ということは、干支が甲子で、かつ九星が一白水星の日になるのは、百八十日に一度ということになります。つまり、干支が三周、九星が二十周したとき、はじめてまた甲子の一白水星の日が巡ってくるということになります。同様に干支が甲子の九紫火星の日も百八十日に一度ということになります。

前者を陽遁の開始日とすると、その後の百八十日間が陽遁期となり、後者を陰遁の開始日とするとその後の百八十日間が陰遁期となります。しかし、この両者を合計しても三百六十日にしかならず、通年の三百六十五日より五日間短くなってしまいます。このように一年で五日ずつ年間の日数が少なくなっていきますから、十一年間か十二年間では六十日になってしまいます。そこで、十一年～十二年に一度六十日間の閏日をおいて、冬至の日に最も近い日を陽遁期の開始日、あるいは、夏至に最も近い日を陰遁期の開始日となるように調整することを九星置閏法といいます。昭和に入ってから九星置閏法が実施されたのは、昭和三年、十四年、二十六年、三十七年、四十九年、六十年の六回です。平成になってからは、平成九年、そして、今年平成二十年です。

左に当会の暦の該当部分を掲載しましたのでご覧下さい。

十二月（七日より）甲子七赤金星

一日	月	乙亥	七赤	友引	旧十一月四日
二日	火	丙子	六白		五日
三日	水	丁丑	五黄		六日
四日	木	戊寅	四緑	大安	七日
五日	金	己卯	三碧		八日
六日	土	庚辰	二黒		九日
大雪節					
七日	日	辛巳	一白	大雪節	十日
八日	月	壬午	九紫		十一日
九日	火	癸未	八白		十二日
十日	水	甲申	七赤	大安	十三日
十一日	木	乙酉	六白		十四日
十二日	金	丙戌	五黄		十五日
十三日	土	丁亥	四緑	友引	十六日
十四日	日	戊子	三碧		十七日
十五日	月	己丑	二黒		十八日
十六日	火	庚寅	一白	大安	旧十一月十九日
十七日	水	辛卯	九紫		廿日
十八日	木	壬辰	八白		廿一日
十九日	金	癸巳	七赤	陰遁終	廿二日
廿日	土	甲午	七赤	陽遁始	廿三日
冬至節					
廿一日	日	乙未	八白	冬至節	廿四日
廿二日	月	丙申	九紫	大安	廿五日
廿三日	火	丁酉	一白	㊗天皇誕	廿六日
廿四日	水	戊戌	二黒		廿七日
廿五日	木	己亥	三碧	クリスマス	廿八日
廿六日	金	庚子	四緑	御用納	廿九日
廿七日	土	辛丑	五黄		旧十二月一日
廿八日	日	壬寅	六白		二日
廿九日	月	癸卯	七赤	友引	三日
卅日	火	甲辰	八白		四日
卅一日	水	乙巳	九紫	大晦日	五日

↑陽遁開始日

陽遁開始日として「冬至に最も近い日」とされておりますが、しかし、甲子の一白水星の日ではなく甲午の七赤の日になっています。これは、あえて七赤の十九日を中心に前後六日間を設けたわけです。つまり、「十七日の九紫、十八日の八白、十九日・二十日の七赤、二十一日の八白、二十二日の九紫」の六日間を中心にその前後それぞれ二十七日（九星で三巡）づつ合計五十四日間を加えて六十日間を加えたことになっているのです。こうして前回の平成九年からの九星上の陰遁、陽遁の開始日のズレを調整したわけです。ですから十二月二十日甲午の七赤の陽遁開始日から三十日目にあたる翌年一月十九日が甲子の一白水星の日となり、十干・十二支と九星が原則通りにそろうのです。

さて、次の九星置閏の年は平成三十二年ということになります。それまで十一年間は、原則通り、陰遁の開始日は「夏至に最も近い甲子の九紫火星の日」であり、陽遁の開始日は、「冬至に最も近い甲子の一白水星の日」ということになります。

第Ⅲ章　気学と人間の九星

［1］ 本命星と気質

A　一白水星

【本命一白水星の人の気質】

・柔和に見えて芯は強く普段はおとなしいのですが、いざというときには思いきったことをする傾向の人です。
・つき合いが上手で交際範囲を広げる才をもっています。
・どちらかというと苦労性で、悩み事を自分で抱え込みやすいタイプです。
・冷静で頭がよく器用で、その分、神経が細かく、細心で注意深いですが、押しが強く、駆け引きに長けているという意外な面をもっています。
・つまり外見は柔和温順ですが、芯が強いということができます。

・ただ、冷静、強情というところから、時によって偏屈な面が出やすいといえます。それが極端になると陰険な印象を人に与えることになるでしょう。

【本命一白水星の人とつき合うコツ】

一白水星の人とつき合う時には、相手が繊細な神経の持ち主であるということを、頭においておく必要があります。交際のなかではできるだけ誠実さをみせていくことが大切で、うっかりすると軽い冗談ではすまない場合もでてきます。例えば、ちょっとした理由や都合で約束を変更したりすることはしないことです。相手は表面上は応じてくれますが、あなたに無責任さを感じ、約束を簡単にホゴにした行動をゆるしたわけではない場合が多いことを心にとめておくことです。

また、一緒に仕事をする場合には、打ち合わせを丁寧にするように心がけることを勧めます。それによって相手はあなたの計画性と物事に取り組む誠実な姿勢を評価し、信頼感をもってあなたに近づいてくるでしょう。
ただ、一白水星の人は秘密や隠し事を好む傾向があり、また駆け引き上手なので、なかなかしたたかです。反面では心の内側に感情をためこむタイプですから、相手が目立った反応を示さないからと甘く見ると、あとで反撃を食いますから、注意することが必要です。

一白水星と十二支別の特徴

子年生まれ　内心プライドが高く、理屈っぽいところがあります。
卯年生まれ　柔順だが気まぐれなところがあります。
午年生まれ　器用で便利だが、おしゃべりで失敗する危険があります。
酉年生まれ　目先が利き、物事の得失に敏感なところがあります。

本命星が一白水星の有名人

中曽根康弘　田中角栄　長嶋茂雄　安倍晋三　桂歌丸　北島三郎　吉永小百合
三沢あけみ　片岡鶴太郎　タモリ　古館伊知郎　所ジョージ　増田明美　木村拓哉
小泉進次郎　浅田真央　（敬称略）

B　二黒土星

【本命二黒土星の人の気質】

・素直で、几帳面、目立たないが、人に一生懸命尽すタイプです。
・人に逆らわずおとなしく柔順で、正直ですが、反面、疑いやすいところがあるのが特徴です。

・ねばり強く、何でも、コツコツと実行する努力家です。何事も綿密で、一度やりだしたら途中でほうりだすことはありません。貯蓄心も旺盛で、節約家ですから、その分他人からは、しまり屋さんにみえるでしょう。

・これらの反作用として、人に尽くす面と欲深い面の二面が見えます。

・決断するのが苦手で、依頼心が強い傾向にあり、人の言葉に惑わされやすい面があります。

・従って、組織のリーダーになると苦労するわりにはうまくいきません。それよりは、リーダーを補佐する副官、司令官より参謀があうでしょう。社長よりは、副社長が、つまり女房役にまわると二黒土星の良い面が発揮できます。

【本命二黒土星の人とつき合うコツ】

二黒土星の人とつき合う時には、相手が従順で受け身型のタイプであることを、頭においておく必要があります。この星の人はテキパキしてないため、イライラすることが多いと思いますが、そこで焦るとその人との関係は壊れてしまいます。着実堅実型という相手の特徴を飲み込んで、気を長くもって対応することがコツです。そのかわり、あなたがリーダーシップをとればよく補佐してくれますし、一度きめたことは黙々と実行してくれますから、信頼ができ、安心していられます。

二黒土星と十二支別の特徴

寅年生まれ　柔和だが、人のいうことに耳をかさないことがあります。
巳年生まれ　消極的でしばしばチャンスを逃すことがあります。

申年生まれ　交際が派手なため、人間関係で得失が多い傾向があります。
亥年生まれ　実際は陽気ですが、見た目は陰気でおとなしい印象を与えます。

本命星が二黒土星の有名人

野村克也　立川談志　高橋英樹　杉良太郎　舟木一夫　みのもんた　研ナオコ
松平健　落合博満　小林幸子　牧村三枝子　松田聖子　高円宮久子　（敬称略）

C　三碧木星

【本命三碧木星の人の気質】

・正直で素直、頭の回転が早く、決断力に富み、豊かな独創性を備えているタイプです。
・積極的で明朗、賑やか、そして流行に敏感な性格です。
・はっきりして、さっぱりしていて無邪気なところがあります。その分、好き嫌いがはっきりしています。
・口が達者で見たこと聞いたことを黙っていられない性分ですから、言葉からの誤解を招きやすい面があります。
・反面、感情的になりやすく、また、おだてに乗りやすいところがあり、他人からみると軽挙妄動気味にみえることが少なくありません。例えば、人からの依頼事を安請け合いして放りっぱなしにして、信用を落とすことが多いので注意が必要です。

・言うことと実行が伴わないことが多く、大言壮語に映りやすいことに注意して下さい。

・感性が鋭いということは、悪い面に出れば、少しの事にも驚き、怒り、このために交際を壊すことがあります。例えば、怒りのために我を忘れがちな性分です。

・繰り返しの仕事はあまり向きませんし、早とちりしやすいので、細心な注意を求められる仕事も敬遠した方が無難でしょう。むしろ企画部門、営業部門向きです。

・会社などの組織では、気さくな性分でウイットもあるところから人気者になりますが、生来の感情的な部分が原因して目上に反抗しがちになり、勤め先を棒に振ることがありますから要注意です。

・年をとると口やかましいところがでてきますので、自重して下さい。

【本命三碧木星の人とつき合うときのコツ】

三碧木星の人とつき合う時には、相手が気が短くて何でも即断即決タイプであることを頭におく必要があります。この星の人は何事もスパスパ決めて実行したい人で、行動が早ければ早いほど喜ぶ性分ですから、こちらも態度を明確にし、活気に満ちて元気に対応すると互いにうまく行きます。ですから、こちらがなかなか自分の意見や結論をいわなかったり、優柔不断でいると、相手はあなたを見限ってしまいます。打ち合わせでも、この手の人は「要は、どういうことなの?」というのが口グセです。しかし、このような人の性格を心得て、やや早とちりな危険性をあなたがうまくフォローしてあげて、相手と一緒に仕事をすれば、あなたも相手のペースに合わせて、ぐんぐんと実績をあげることができます。

三碧木星と十二支別の特徴

丑年生まれ　せっかち、軽率なところが心配ですが、人望はあります。
辰年生まれ　短気、そそっかしいが正直なのが取り柄です。
未年生まれ　考え深いが活動力がいまひとつというところです。
戌年生まれ　強情で高慢な点がありますが、よく動くのでそれほど嫌われません。

本命星が三碧木星の有名人

愛川欽也　大橋巨泉　中村メイ子　桂三枝　加藤茶　橋幸夫　田村正和　関口宏
うつみ美土里　加賀まりこ　松坂慶子　小柳ルミ子　田丸美寿々　小池百合子
吉幾三　村上龍　仲間由紀恵　（敬称略）

D　四緑木星

【本命四緑木星の人の気質】

・温和で人当たりがよく、物事の調整能力に優れ、社交性があって対人関係のバランス感覚がよいタイプです。
・外見が柔和で如才がなく、やさしく穏やかな社交家です。
・男性であっても女性の雰囲気があります。
・綿密な性格で何事もこなせる器用さを備えていますので、細かい仕事、正確さを求められる仕事に向いています。
・サービス、奉仕精神が旺盛で、何事も一応はこなすことができます。
・しかし、このような反面、行動力がない、押しがきかない、物事に迷いやすく決断力に欠ける傾向があります。

・また、自信を与えられると力を発揮しますが、非難されると自信をなくしやすい欠点があります

・利にさとい印象を与えるケースが多いので、注意しましょう。

【本命四緑木星の人とつき合うときのコツ】

四緑木星の人とつき合う時には、相手がおとなしく、こちらの気持ちをそらさないソツのないタイプであることを、知っておく必要があります。それに気付かずに無神経に接すると離れていってしまいます。また、如才ない性格ですから気持ちよくつきあうことが出来ますが、この性格の人は迷うことが多い性格なので、ショッピングやデートのときは、イライラして喧嘩になりやすいので注意しましょう。

四緑木星と十二支別の特徴

子年生まれ　人からかわいがられ、交際範囲も広い人が多いのが特徴です。
卯年生まれ　人を簡単に使いたがるのが欠点といえます。
午年生まれ　愛嬌がありますが、移り気で失敗しやすい傾向があります。
酉年生まれ　落ち着いていて温和ですが、人にだまされやすいところがあります。

本命星が四緑木星の有名人

永六輔　地井武男　北野大　松方弘樹　中尾彬　尾崎紀世彦　十朱幸代　多岐川裕実
三浦友和　今陽子　あべ静江　竹中平蔵　武豊　山瀬まみ　辻本清美　黒木瞳
松本幸四郎　澤穂希　（敬称略）

E　五黄土星

【本命五黄土星の人の気質】

・見かけは穏やかですが、面倒みのよい親分肌のタイプです。実行力があり、親分的な雰囲気を備えています。

・逆に、協調性に欠ける所があり、唯我独尊的で、自分勝手なところのある人の二面に極端に別れます。

・いずれにしても、忍耐力があり、執着心に強いものがあります。世間で「しつこい」「アクが強い」といわれる反面、寛大で人の面倒をよく見ます。

・このため、この性格の人は複雑多岐な気質をもっているということができます。

・生来、強いエネルギーをもっているので、それを自覚しないと自分自身の心をうまくコントロールできず、自分から身を滅ぼすことがあります。

【本命五黄土星の人とつき合うときのコツ】

五黄土星の人とつき合う時には、相手が自分と合うか合わないかの両極端にわかれることを知っておくことです。あなたが、この人のカリスマ性にひかれ、強引さを力強く頼もしく感じれば、きっと交際がうまくいき、その人の援助であなたの力を引き出してくれるでしょう。

しかし、もし、その人のアクの強さ、自己中心性についていけないと思ったら、できるだけ早く、彼のまえから身を引くことをおすすめします。でないと、あなたはその人の自己中心さに振り回され、ヘトヘトになって嫌気がさしてくるでしょう。要はこの性格の人のエネルギーの強さ、執着心の強さ、親分肌の寛大さの両面をみて、受け入れてうまくつきあっていけるだけの心構えがあるかどうかを、まず自分自身に確かめることがコツといえるでしょう。

五黄土星と十二支別の特徴

寅年生まれ　傲慢なところがありますが、自分に従う者には寛大です。

巳年生まれ　強情で疑い深いが、よく人に尽くすので目上の人の支援を得ることが多いです。

申年生まれ　強情で人とぶつかりますが、自分に従う人にはよく面倒をみます。

亥年生まれ　才知があり、弁舌も立ちますが、自己主張が強いために失敗しやすいところがあります。

本命星が五黄土星の有名人

石原慎太郎　岸恵子　徳光和夫　渡哲也　倍賞千恵子　石坂浩二　小泉純一郎
八代亜紀　和田アキ子　由美かおる　綾小路きみまろ　宮川大助　梅沢富美男
細川たかし　野茂英雄　池上彰　松たか子　（敬称略）

F　六白金星

【本命六白金星の人の気質】

・独立心や自尊心が強く、気位が高いので、人の風下に立つのを嫌がるタイプです。
・頭がよく、面倒見のよいリーダーの素質があり、それなりの貫禄もそなわっています。

・意志が強く、よく働きよく努力する人です。
・反面、プライドや気品にこだわるので、他人を見下したり蔑視する傾向があります。
・目上の人の意見に従うのは苦手。強情で他人の意見に耳を貸さない人とみられることがあります。
・一般に、やや無愛想に見えます。家庭的にもワンマンの人が多い傾向があります。
・攻撃的な性格が強い面が、横柄、傲慢だと誤解されて損をすることがあります。

【本命六白金星の人とつき合うときのコツ】

六白金星の人とつき合う時には、相手が気位が高く頭もいいのですが、愛想の少ない人である場合が多いことを心得ておくことです。
ものを大局的に観る力を生来備えており、大人としての風格と理解力をもっているので、リーダーとして立てれば、充分、それにふさわしい行動と役割を果たすことはまちがいありません。
組織やグループにこの性格の人がいたら、あなたがこの人の苦手なところを補佐してあげれば、組織を引っ張るリーダーとなることでしょう。なおこの星の人は、高級志向のところがありますから、贈り物などは、実用的なものではなく、品質、ブランドに気を配ったほうが、喜ばれるでしょう。

六白金星と十二支別の特徴

丑年生まれ　プライドが高く我が儘なところがありますが、人には親切です。
辰年生まれ　勝ち気で、人を見下すところがあります。
未年生まれ　負けず嫌いですが、繊細で外見はソフトです。
戌年生まれ　正直で正義感が強いですが、自己主張の強い面があります。

本命星が六白金星の有名人

森繁久弥　三國連太郎　高倉健　二葉百合子　浅香光代　デビ夫人　浅丘ルリ子
王貞治　張本勲　風間杜夫　間寛平　佐藤B作　大竹まこと　ガッツ石松
南こうせつ　宮崎美子　佐藤しのぶ　坂本冬美　（敬称略）

G　七赤金星

【本命七赤金星の気質】

・表面は柔和で、女性は愛嬌があり、サービス精神旺盛で、人の世話が好きなタイプです。
・従って、男女とも社交性に富み、よく言うと弁舌がさわやか、要するに口が達者です。

・悪気はないのですが、自分の感じたことをうっかり口に出してしまうという、繊細な心配りに欠ける面があります。そして楽天的で何となく賑やかにして人を悦ばすことが得意ですが、ズボラなところがみられます。男性は女性的な面がみられます。
・締まり屋で、打算的なところがあり、嫉妬心が強い方です。
・表向き気が強いようにみえ高慢なところもありますが、根は意外と気が弱く、負け惜しみが強い方です。
・安易に人を批判するため、嫌われやすいのが欠点ですから、この点に注意して下さい。

【本命七赤金星の人とつき合うときのコツ】

七赤金星の人とつき合う時には、信頼感という点ではいまひとつということをおさえておく必要があります。社交的な性分ですから、友達としてつきあうのなら最高の相手でしょう。ただ、ややズボラなところがあるので、ここのところを充分に心得ていないと不必要な摩擦を起こし、交際がとぎれてしまう可能性があります。男性はどちらかというとプレイボーイ、あるいは女性にもてる雰囲気をもっています。

なお、金銭感覚については、締まり屋か浪費グセのどちらかに大きくわかれます。

七赤金星と十二支別の特徴

子年生まれ　交際上手だが、何かにハマル癖があります。

卯年生まれ　細かいがとても淡泊な面があります。

午年生まれ　よく気働きしますが、物事のけじめをつけるのが苦手です。

酉年生まれ　人当たりは良いが、安請け合いをして信用をなくしやすい傾向があります。

本命星が七赤金星の有名人

海部俊樹　八千草薫　中村玉緒　佐久間良子　五月みどり　加藤紘一　瀬川瑛子
都はるみ　由紀さおり　泉谷しげる　井上陽水　天童よしみ　石川さゆり
大竹しのぶ　石原伸晃　（敬称略）

H　八白土星

【本命八白土星の人の気質】

・表面は穏やかですが、意志は強く、実直で、困難にあっても、挫折することが少ないタイプです。

・現実的、保守的で愛嬌が少なく、人間的面白味に欠けますが、粘り強く、何をさせても丁寧で器用です。
・経済観念が発達していて、無駄をきらうので、ガメツイという印象を与えます。
・我が強く、横柄にみられるところが損なところです。
・面倒見はいいのですが、猜疑心が強く、気が変わりやすい傾向があります。
・物事に凝りやすく、疑り深い点があります。

【本命八白土星の人とつき合うときのコツ】

八白土星の人とつき合う時には、気難しい性分で、自分の考えに固執していることが多いのでじっくりとつきあうのがコツです。ですから、この人の意見を簡単に否定したりすると反発します。交際を長続きさせるには、誠意と配慮が必要でしょう。また、何事に対しても丁寧ですから、相手をするあなたも、話を聞いてあげる、あるいは受け入れてあげるという心構えで接すると、相手も気を許すようになるでしょう。とくに、この星の人は身内意識が旺盛で身びいきする方なので、相手の心の中へ入ることができれば、スムーズな交際ができます。

八白土星と十二支別の特徴

寅年生まれ　心配性のわりに大きな事を考えるクセがあります。
巳年生まれ　愚痴が多いが、よく人に尽くす方です。
申年生まれ　器用で人から頼られますが、気まぐれの人が多いです。
亥年生まれ　サッパリとした気性ですが、心が変わりやすく、そのために失敗しやすい傾向があります。

本命星が八白土星の有名人
木村太郎　なかにし礼　寺内タケシ　西郷輝彦　あおい輝彦　森山良子　伊東ゆかり
千昌夫　鳩山由紀夫　泉ピン子　竹中直人　島田紳助　田中康夫　松井秀喜
香川照之　松島みどり　中村橋之助（敬称略）

Ⅰ　九紫火星

【本命九紫火星の気質】

・直感力が鋭く、神経質ですが頭がシャープで理想の高いタイプです。
・芸術的センスが豊かで、プライドが非常に高く、弁舌が巧みで相手の心を捉えるのが上手です。

・アイデアに優れ、何事もテキパキと物事を処理できる才能を備えています。ことに人に教えることを得意とします。

・頭の回転がよく理性的に判断する能力に優れています。

・白黒をはっきりさせないと気がすまない人です。このため情けに欠ける場合が多いので注意が必要でしょう。

・外見は強気の人に見えますが、意外と内面が弱く、一度落ち込むと際限なく落ち込みグチっぽくなります。

・家に長くいると鬱々とし外出を好みます。華やかで目立つことを好む人で、派手で贅沢なタイプの人が多いです。

・見栄っ張りで、名誉を好み、自己顕示欲や自己を飾ることが多い方です。このため、かっこのよい事ばかりを求め足が地につかないこともよくあります。

・決断は早いのですがやや軽率です。深く考えずに物事に着手して失敗したり、口が軽いため失敗するケースがあります。

・忍耐力に乏しく、熱しやすくさめやすい傾向があります。

・上司に反抗するために職業を変わりやすく、不安定な人生を送る危険性があります。

【本命九紫火星の人とつき合うときのコツ】

九紫火星の人とつき合う時には、情けより智を重んじる人なので、理論的な考え方で接することがコツです。

この星の人は感性が鋭く、あなたの心にピッタリあう態度で接してくれますが、やや気まぐれで、理想に走るところがあるため、ある時突然心変わりして、あなたをあわてさせることがあります。しかし、智に走る一面、情けにもろい面ももちあわせており、この点を心得ておくと、よい友達関係を築くことができるでしょう。

ただし、この性格の人と仕事をすると、神経質で理想を追うところからくる気まぐれや、協調性の乏しさを感じることがあります。よくも悪くもこの星の人は理想がとても高く、ブランド志向なので、趣味上の友としては楽しく、知識や美的な面でつきあうのであれば得るところが多いでしょう。

九紫火星と十二支別の特徴

丑年生まれ　色情のトラブルを起こしやすい面があります。
辰年生まれ　忍耐力はある方ですが、自分勝手なところがあり人望を失いやすい面があります。
未年生まれ　正直で綿密に考えますが、このために迷いが収まらず発展のチャンスを逃す事があります。
戌年生まれ　派手さを好み、移り気で短気な面を持ちやすい傾向にあります。

本命星が九紫火星の有名人

伊東四朗　加山雄三　美川憲一　中尾ミエ　西川きよし　吉田拓郎　マギー司郎
堺正章　菅直人　高田純次　ビートたけし　春風亭小朝　明石家さんま　イチロー
ビルゲイツ　吉田沙保里　薬師丸ひろ子　（敬称略）

［2］九星からみる相性

本命星の組合せ	ワンポイント・コメント
一白水星×一白水星	自分の気持ちを言葉や態度で表現するのが不得手な者同士。とにかく第一歩をどちらかが踏み出すこと。待ちの態度が長いと「気がない」と誤解され恋は消えていきます。男性がリードする方がうまくいくでしょう。但し女性は芯が強いことを知っておくことが大切です。
一白水星×二黒土星	ともに誠実なふたり。どちらかというと面白みの少ないカップルです。というのも現実的な二黒の女性と浮ついた所のない一白の男、または、女性は口うるさく女性的魅力が少ない場合があるからです。相手の男性はこのことを了解しておくとスムーズです。
一白水星×三碧木星	積極と消極の組み合わせです。三碧の女性は頭と口はシャープ。

好き嫌いが態度に出やすいタイプです。一白は男女ともひかえめ。もし女性が三碧なら一白の男性は三碧の女性の積極性についていけるかどうかがポイントになるでしょう。

一白水星×四緑木星

四緑の女性はほどよく明るく、ほどよくチャーミング。四緑の男性は押しがきかないが、その分、気楽につきあえます。男性が四緑、女性の星が一白だと恋愛から結婚への発展性は少ないでしょう。

一白水星×五黄土星

かなり大変なカップルになりそうです。一方がご主人で他方が家来、愛の奴隷になりやすいかも。五黄の女性が主人になれば色気や、愛の表現力の少なさを一白の男性は受け入れることが決めてです。逆に女性が一白の場合は芯が強いので、それを押さえて自己中心になりやすい五黄の男性についていけるかがポイントになるでしょう。

一白水星×六白金星

六白の女性は一白の男性と張り合うタイプ。できれば一白の女性と六白の男性の組み合わせが望ましいでしょう。一白の男性のポイントは包容力の有無です。六白の女性のポイントは甘いムードを出せるかどうかにかかっているといえます。

一白水星×七赤金星

七赤は華やか系。一白は地味系。男性が一白の場合は七赤の女性とのつきあいは荷が重いでしょう。七赤の女性の多趣味やムード好きにどこまでつきあえるかがポイントです。逆に七赤の男性は社交家、手堅い一白の女性が七赤の男性を受け入れられるかがポイントになります。

一白水星×八白土星

男性であれ、女性であれ八白の方の人が主導権を握ることになりやすいでしょう。女性の八白はやり手で世話好きなので女性上位になりやすいでしょう。八白の男性は頑固だが家庭的でマメ。但し両者とも華やかさは乏しい方です。いずれにしても男性が一白の場合は八白の女性には勝てない場合が多いでしょう。

一白水星×九紫火星

九紫は男女ともに表現力が巧みで夢が多く、説得力も会話も上手。現実とは別次元の世界を見せてくれます。また、一白の側が女性であれば、芯の強さを出さないことがポイントです。これを出すと九紫の男性のプライドと衝突してケンカ別れになることになります。

本命星の組合せ	ワンポイント・コメント
二黒土星×二黒土星	ドラマチックな出会いと展開は期待薄かも。ロマンチックな雰囲気もあまり必要がない二人です。ゆっくり堅実に進むタイプ。意外性がないだけに交際が長引くとマンネリの関係になる可能性大。女性がリードするパターンが良いでしょう。
二黒土星×三碧木星	女性が三碧ならば二黒の男性は女性をリードするのに骨が折れます。交際の時の対応や会話にシャープさがないとつまらない男と思われます。むしろ三碧の男性と二黒の女性の組み合わせが良いでしょう。但し、二黒の女性は勝ち気な人がいるので、この場合は女性の勝ち気がネックとなります。
二黒土星×四緑木星	現実重視の二黒ともう一歩押しのきかない四緑。男女どちらが二黒、あるいは四緑であってもさほど変わりませんが、リードが不

得手な四緑の男性と世話好きの二黒の女性との組み合わせがこじんまりとまとまります。

二黒土星×五黄土星

現実重視という共通な価値観をもつふたり。細かい二黒の男性と度胸がすわった五黄の女性の組み合わせでもよく、逆にやさしさのある五黄の男性と世話好きの二黒の女性との組み合わせも悪くないでしょう。

二黒土星×六白金星

女性が六白ならパワフルだが、色気やムードはやや乏しいタイプ。六白が男性なら、頼りがいがあるが、悪くするとワンマンタイプ。男性が二黒の場合にはいまひとつ迫力がなく、女性の二黒は面倒見がいいのが特徴です。いずれにしても、二黒が六白に従う組み合わせになるとスムーズな交際に発展します。

二黒土星×七赤金星

女性の七赤はやり手の人が多い。二黒の男性では、尻にひかれてしまい、逆に七赤の男性では、しっかり者の二黒の女性に首根っ

	こを押さえられてしまいがちなパターンです。二黒、七赤とも、単独の本命星の印象と相性の実態とは、かなり違う場合が多いことがあります。
二黒土星×八白土星	双方とも、ムードがいまひとつ。恋愛は「男らしさ」と「女らしさ」が、一番の原動力。男女どちらがどちらの星であっても「華やかな恋愛」のイメージには努力が求められますが、結婚を前提とした交際ならば非常によいでしょう。
二黒土星×九紫火星	男女どちらであっても二黒は地味なタイプ。九紫であれば華やかなタイプが多い。この落差が相手にとって恋の大きな刺激になります。但し、女性が二黒ならば意地をはらないこと、男性が九紫ならば、二黒の女性のムードの乏しさに不満をもたないことが交際を実らせる秘訣になります。

本命星の組合せ	ワンポイント・コメント
三碧木星×三碧木星	男女ともにストレートでせっかちなタイプ。しかも、感情的で好き嫌いがはっきりしていることが多いですから、性急に相手に恋の返事をせまるような態度は禁物。ともに「はやる気持ちを抑えること」がポイントになります。
三碧木星×四緑木星	三碧の男性が四緑の女性をリードするのが理想。但し、三碧の男性は四緑の女性に対して「調子のいいだけの男」という印象を与えないことが大切です。三碧の女性と四緑の男性なら三碧の女性にリードさせるほうが無難です。
三碧木星×五黄土星	三碧も五黄も、ともにエネルギッシュ。但し、五黄は男女とも粘り強く、自負心の強いところが三碧と違うところ。男性が三碧なら行動力と頭のシャープさで五黄の女性にアピールすることです。

男性が五黄なら三碧の女性をしのぐほどの頼りがいを示すことが必要になるでしょう。

三碧木星×六白金星

男女ともプライドが高く、知的なものを好みます。女性が三碧なら六白の男性との恋愛はスムーズです。逆の場合、三碧の男性は自分の心をコントロールして大人の目をもつ女性に尊敬されることが必要とされます。いずれにしても難しいカップルです。

三碧木星×七赤金星

三碧の男性は頭がシャープで行動力もありますが、意外と金銭面は手堅い方です。そのため七赤の女性が現実よりムードを重視し、浪費するようだと交際はとぎれます。逆に七赤の男性は三碧の女性に徹底して仕える気持ちになれば恋は成就します。

三碧木星×八白土星

男性が三碧なら八白の女性が主導権をとりがちです。女性が三碧でも、八白の男性は女性にリードされたほうが無難です。三碧の女性は気質が強い方ですが、男性の八白は穏やかな人が多いといえます。

三碧木星×九紫火星

三碧の女性は九紫の男性にもろい方です。三碧、九紫ともにテンポが早く、その上、男性が九紫であれば表現力やムード作りが巧みで、三碧の女性の好みに合います。男女の星がこれと逆の場合はやや難しいでしょう。プライドが高く、愛嬌の少ない九紫の女性に対して、せっかちな三碧の男性が見切りをつけるか、三碧の男性の軽薄さに九紫の女性がいやけをさすことが多いからです。交際を長続きさせるのに苦労するかもしれません。

本命星の組合せ	ワンポイント・コメント
四緑木星×四緑木星	四緑の星は異性に敏感なわりに行動に積極性がない方です。また、衝突すると方向転換に時間がかかります。長所は穏やかさとこだわらない気質。この星の二人の恋はのんびりムードの恋愛になりやすいでしょう。但し、けじめのつかない関係にならないよう注意しましょう。
四緑木星×五黄土星	四緑は男女ともソフトタイプ。逆に言えば物足りないタイプです。神経質で依頼心の強い男の四緑にとって、デンとすわっている女性の五黄は頼りになるタイプ。例えれば大地（五黄の女性）と風に揺れる木の葉（四緑の男性）。この違いに気づくことが大切、そうでないと、四緑のもつ物静かなムードに五黄の女性が快さを感じているうちに、四緑の男性に頼り切られてしまいます。

四緑木星×六白金星

四緑が六白にリードされることを受け入れれば円満なカップルになります。六白の女性はしっかりしていて気が強い方です。男性が四緑のときは男性は何事も受け身になること。逆に六白の男性は力強いが意外と気むずかしく神経質。四緑の女性はこのような六白の男性の気質を飲み込めるかどうかがポイントになります。

四緑木星×七赤金星

四緑は男女とも細かいことが得意。また、七赤は男女とも社交性がある方。このためややミスマッチなカップル。互いに心がふれあうようになるには、デートを重ねることが必要でしょう。

四緑木星×八白土星

八白は四緑を支えます。心が弱い四緑と堅実な八白。とくに、男性が四緑で、女性が八白の場合、八白の女性が四緑の男性にハッパをかけることになりやすいものです。四緑と八白はともに細かいところに気づくまじめなタイプ。男女いずれにしても四緑が八白のペースに終始合わせることができるかが問題です。

四緑木星×九紫火星

九紫が常に主導権を握ります。男女とも九紫はプライドが高く、また、大局を把握するのが得意なのに対して、四緑は細かいところによく気づきます。大胆な九紫と注意深い四緑。互いに相手のタイプを知ることが大切です。

本命星の組合せ	ワンポイント・コメント
五黄土星×五黄土星	ロマンチックなムードがいまひとつのカップル。女性の五黄は男性的です。五黄は男性女性とも、硬軟両極に極端に別れます。五黄の女性は「おんな」としての甘えをみせず、やるべきことをきちんとこなしていくタイプ。努力家で芯もしっかりしています。新鮮味が色あせやすい点だけが心配です。
五黄土星×六白金星	どちらの星であっても、男女ともしっかりしていて互いに意気投合するタイプです。唯一の心配事は、互いに主導権をにぎろうとして感情的にぶつかることだけです。
五黄土星×七赤金星	五黄にとって七赤の異性は未知数な部分が多く、出会いはインパクトが大きい方です。また、美的感覚のすぐれた七赤に対して、実利重視の五黄は対照的。問題は七赤は拘束されるのを嫌い、五

	黄は独占欲が強いところです。この点をどう克服するかにあります。
五黄土星×八白土星	八白の女性は行動的でアネゴ肌。五黄と八白の組み合わせは恋愛よりも同士的関係になりやすいでしょう。五黄も八白もともに言葉よりも行動で表現するタイプ。八白の男性は曖昧なところがありますが、素朴なやさしさをもっています。どちらがどちらの星であっても生活重視のしっかり者同士のタイプになります。
五黄土星×九紫火星	九紫は視野の広さ情報の豊かさ、ユニークな物の見方など、五黄のもっていない魅力をもっています。一方、九紫にとって五黄は安心感を与えます。いってみれば創造と現実という正反対のふたり。「うま」が会うカップルが多いのが特徴です。

本命星の組合せ	ワンポイント・コメント
六白金星×六白金星	互いに以心伝心のタイプです。というのも男女による違いの少ない星の組み合わせだからです。但し、両者とも一本気なので衝突しやすく、衝突すると妥協が苦手なところが問題でしょうか。
六白金星×七赤金星	六白の男性はワンマンタイプ、これに対して七赤の女性はかなり個性的。このため六白の男性が七赤の女性をリードするのが無難です。逆の場合は六白の女性が仕切ることになるでしょう。
六白金星×八白土星	色恋沙汰の少ない八白の女性に、色恋に不器用な六白の男性。しっかりした八白の女性を六白の男性が男らしさで従わせることができれば恋愛は成立するでしょう。むしろ八白の男性と六白の女性の組み合わせの方がスムーズです。

六白金星×九紫火星

シャープで冷静な六白。九紫もやはりシャープだが九紫はムード派。また、男女どちらが六白でも九紫でも切れ味の鋭い刀がぶつかるような傾向があります。結局、六白が包容力の大きさで九紫を包み込めれば恋を成就させる可能性が大いにあります。但し六白も九紫も協調性には乏しい星であることを自覚する必要があるでしょう。

本命星の組合せ	ワンポイント・コメント
七赤金星×七赤金星	七赤は男女とも意外と堅実な恋愛観をもっているタイプの人と、恋に命をかけるタイプの人にわかれます。前者のグループなら問題ありませんが、後者の場合は異性を求めてなかなか決まらないことになりがちです。七赤の人は自分の心をコントロールしていくことが求められるでしょう。
七赤金星×八白土星	流れに任せるのが得意のタイプの七赤と堅実で恋にあまり器用でない八白。八白の女性は男性が七赤でも頼れる場合にはついて行きますが、そうでなければ七赤の女性が八白の男性をリードするのがよいでしょう。結局、七赤の女性と八白の男性との組み合わせが安定するでしょう。
七赤金星×九紫火星	男女どちらが七赤あるいは九紫でも、激しい恋愛に陥りそう。女

性が七赤の場合は、九紫の男性をリードするのがよいでしょう。この星の組み合わせは、華やかな恋愛を繰り広げますが、あっという間に破綻することが多いのです。忍耐と相手を認め合うことを身につけないと長続きしないでしょう。

本命星の組合せ	ワンポイント・コメント
八白土星×八白土星	ともに現実重視の生活派。ムードづくりが不得手で恋にはあまり器用でない同士。同級生カップルなどは無難な道でしょう。但し、この場合は女性が主導権を握ります。
八白土星×九紫火星	知的ムードに生きる九紫と努力と現実に価値を見いだす八白。ムードの多くない八白の女性に対しては、九紫は安らぎを求めるだけになりやすいでしょう。但し八白の女性はしっかりしていますから、プライドの高い九紫の男性とどう折り合うかがポイントです。九紫の女性と八白の男性、この組み合わせの方が恋愛に発展します。

本命星の組合せ	ワンポイント・コメント
九紫火星×九紫火星	九紫は一目惚れして燃え上がりやすいタイプ。男女とも自分に合わせてくれるタイプを求めます。最初は情熱が燃え上がりますが、交際を重ねていくとプライドが強いため衝突しやすくなります。互いに自己をコントロールできるかがポイントになります。

平成 27 年 (西暦 2015 年) 干支・九星・年齢早見表

生　年	西暦	干支	九星	齢	生　年	西暦	干支	九星	齢
大正　5	1916	丙辰	三碧	100	昭和 16	1941	辛巳	五黄	75
6	1917	丁巳	二黒	99	17	1942	壬午	四緑	74
7	1918	戊午	一白	98	18	1943	癸未	三碧	73
8	1919	己未	九紫	97	19	1944	甲申	二黒	72
9	1920	庚申	八白	96	20	1945	乙酉	一白	71
10	1921	辛酉	七赤	95	21	1946	丙戌	九紫	70
11	1922	壬戌	六白	94	22	1947	丁亥	八白	69
12	1923	癸亥	五黄	93	23	1948	戊子	七赤	68
13	1924	甲子	四緑	92	24	1949	己丑	六白	67
14	1925	乙丑	三碧	91	25	1950	庚寅	五黄	66
昭和 元	1926	丙寅	二黒	90	26	1951	辛卯	四緑	65
2	1927	丁卯	一白	89	27	1952	壬辰	三碧	64
3	1928	戊辰	九紫	88	28	1953	癸巳	二黒	63
4	1929	己巳	八白	87	29	1954	甲午	一白	62
5	1930	庚午	七赤	86	30	1955	乙未	九紫	61
6	1931	辛未	六白	85	31	1956	丙申	八白	60
7	1932	壬申	五黄	84	32	1957	丁酉	七赤	59
8	1933	癸酉	四緑	83	33	1958	戊戌	六白	58
9	1934	甲戌	三碧	82	34	1959	己亥	五黄	57
10	1935	乙亥	二黒	81	35	1960	庚子	四緑	56
11	1936	丙子	一白	80	36	1961	辛丑	三碧	55
12	1937	丁丑	九紫	79	37	1962	壬寅	二黒	54
13	1938	戊寅	八白	78	38	1963	癸卯	一白	53
14	1939	己卯	七赤	77	39	1964	甲辰	九紫	52
15	1940	庚辰	六白	76	40	1965	乙巳	八白	51

※年齢は数え年・大正 15 年は 12 月 25 日まで・昭和 64 年は 1 月 7 日まで

※一年の期間は（当年２月４日立春～翌年２月３日節分まで）

生　年	西暦	干支	九星	齢	生　年	西暦	干支	九星	齢
昭和41	1966	丙午	七赤	50	平成　3	1991	辛未	九紫	25
42	1967	丁未	六白	49	4	1992	壬申	八白	24
43	1968	戊申	五黄	48	5	1993	癸酉	七赤	23
44	1969	己酉	四緑	47	6	1994	甲戌	六白	22
45	1970	庚戌	三碧	46	7	1995	乙亥	五黄	21
46	1971	辛亥	二黒	45	8	1996	丙子	四緑	20
47	1972	壬子	一白	44	9	1997	丁丑	三碧	19
48	1973	癸丑	九紫	43	10	1998	戊寅	二黒	18
49	1974	甲寅	八白	42	11	1999	己卯	一白	17
50	1975	乙卯	七赤	41	12	2000	庚辰	九紫	16
51	1976	丙辰	六白	40	13	2001	辛巳	八白	15
52	1977	丁巳	五黄	39	14	2002	壬午	七赤	14
53	1978	戊午	四緑	38	15	2003	癸未	六白	13
54	1979	己未	三碧	37	16	2004	甲申	五黄	12
55	1980	庚申	二黒	36	17	2005	乙酉	四緑	11
56	1981	辛酉	一白	35	18	2006	丙戌	三碧	10
57	1982	壬戌	九紫	34	19	2007	丁亥	二黒	9
58	1983	癸亥	八白	33	20	2008	戊子	一白	8
59	1984	甲子	七赤	32	21	2009	己丑	九紫	7
60	1985	乙丑	六白	31	22	2010	庚寅	八白	6
61	1986	丙寅	五黄	30	23	2011	辛卯	七赤	5
62	1987	丁卯	四緑	29	24	2012	壬辰	六白	4
63	1988	戊辰	三碧	28	25	2013	癸巳	五黄	3
平成 元	1989	己巳	二黒	27	26	2014	甲午	四緑	2
2	1990	庚午	一白	26	27	2015	乙未	三碧	1

あとがき

旧書『九星の秘密』の「あとがき」でも触れましたが、気学は四柱推命や算命学を凌ぐほどポピュラーな運命学です。いずれの運命学も、〝自然の気〟にその基礎を置いているのですが、四柱推命や算命学は、「気」そのものからはやゝ距離をおき、主に、十干十二支を組み合わせて種々の星を設け、それらを手掛かりに人間の運命を判断するものです。

これに対して、気学は、大気自然の気をわずか九種に分類しただけの「レアな気」そのものを手掛かりとするだけに、判断もストレートで鋭い説得力をもっているのです。また、気学には、「祐気どり」にみてとれますように、「気の力」を開運の切り札として活用・応用する点に、気学が長年にわたって、多くの人々の関心を惹いてきた理由があります。

この意味で、気学は私たちにとって「運命の羅針盤」の役割を果たすと共に、有効な開運のツールなのです。

ところで、羅針盤は正しい人生行路の道筋を指し示してくれますが、羅針盤の方位に舵を切るのは皆さんであり、船を前進させるエンジンとなるのも、皆さんの力なのです。つまり、気学の知識を吸収するだけでなく、開運の〝実〟までを手に入れるには、皆さんの努力があってこそかも知れません。

本書が提供する知識を羅針盤として、その指し示す方向に舵を切りましたら、さらにエンジンをフル回転させるよう努力されることを願って止みません。

末尾になりましたが、諸事多忙のなかにあって、労をいとわず改訂版への途を推し進めて下さった伊藤聖優雨先生に、心からの謝意を表します。

著　者
しるす

著者紹介

松田 統聖（まつだ とうせい）

聖法氣學會初代副会長・松田光象（和子）氏の長男として生まれる。東京教育大学・大学院哲学科博士課程（西洋哲学・中国哲学・朝鮮哲学専攻）。筑波大学哲学思想学系専任講師（中国哲学）。

韓国精神文化研究院に招聘され、韓国・ソウル市にて易学、太極の研究を深める。その後、精神分析学、カウンセリング技法を修得。

現在、気学の講義・鑑定に専念。

聖法氣學會会長（現職）

著書に『九星の秘密』『気学の基礎』『運命の見方』『家相の見方』など。

改訂版 九星の秘密 ―あなたの運命の羅針盤―

２０１５年５月15日 初刷発行

定　価――本体２、７００円＋税
著　者――松田統聖
発行者――斎藤 勝己
発行所――株式会社東洋書院
〒１６０－０００３ 東京都新宿区本塩町21
電　話 ０３－３３５３－７５７９
ＦＡＸ ０３－３３５８－７４５８
http://www.toyoshoin.com
印刷所――株式会社平河工業社
製本所――株式会社難波製本

ISBN978−4−88594−488−5